Geld - Das Geheimnis der grauen Hand

Die Falle und der Weg hinaus:
Situation - Zusammenhänge - Lösungen

Geld - Das Geheimnis der grauen Hand

Die Falle und der Weg hinaus:
Situation - Zusammenhänge - Lösungen

Initiative für ein gerechtes Geldwesen

Koordination: Theres Schöni

Impressum:

© 2014 Theres Schöni

Herstellung und Verlag:
BoD – Books on Demand, Norderstedt

ISBN 978-3-7357-3874-5

Inhaltsverzeichnis

Vorwort..1
1. Bisheriges Geldsystem..3
   Was ist Geld?...3
   Geschichte des Geldes...3
   Wie funktioniert die Geldschöpfung heute?....................6
   Auswirkungen dieses Geldsystems................................13
   Zusammenfassung:..18
2. Wertschaffung und Wertstabilität........................20
   Wertschaffung..20
   Betrachtung verschiedener Aspekte zum Wertmassstab.....21
   Wertstabilität:...24
   Zusammenfassung:..25
3. Verbuchung...27
   Verbuchungszentralen..27
4. Kredit- und Investitionswesen.............................29
   Kreditschöpfung vom Staate selbst................................29
   Kreditabteilung...30
   Investitionswesen...33
   Zusammenfassung:..34
5. Blühendes Wirtschaften in der Phase des Ausgleichs / Marktregeln 36
   Wollen wir so weitermachen?..36
   Lokales Wirtschaften fördern...39
   Reingewinn ermöglichen..41
   Marktregeln:...45
   Zusammenfassung:..49
6. Perspektiven bei Marktsättigung.........................51
   Ursachen und Folgen der Marktsättigung.......................51
   Perspektiven bei Marktsättigung....................................55
   Handwerk:..57
   Kunst:..57
   Zwischenmenschliches lokales Austauschen 58
   Flexibilität:...58

Zusammenfassung:...60
7. Kooperation..62
   Voraussetzung für Kooperation.....................................62
   Nationale Kooperation..63
   Internationale Kooperation...66
   Kooperation mit der Natur..67
8. Umgang mit Rohstoffen...68
   Umgang mit Rohstoffen...68
   Wert von Rohstoffen...69
9. Lebensqualität, Wohlstand und Wohlsein für jeden
   Lebensbereich..70
   Die Lebensbereiche...70
10. Grundversorgung..74
11. Rechte und Verantwortungen 77
    Dauerhaftes Recht auf sinnvolle Tätigkeit..................78
    Freiarbeitspools..78
    Entgelte..80
    Verwaltung..83
12. Perspektiven für eine Welt ohne Geld.....................85
13. Etappenziele für die Umsetzung eines gesunden Geld- und
    Austauschsystems..91
    1. Bewusstsein für folgende Themen bei der Bevölkerung
       schaffen...91
    2. Neue Gesetzesgrundlagen erarbeiten...................96
    3. Nach Prioritäten und Folgerichtigkeit Initiativen
       vorbereiten und diese Grundlagen einführen...............100
Nachwort...101

Vorwort

Herzlichen Dank!!!

An Alle, welche mit Visionen, Ideen und Handlungen zu einer besseren Qualität für alle Lebensbereiche beitragen.

Dieser Dank gilt auch Ihnen.

Indem sie folgende Gedanken lesen, denken sie mit und tragen ebenfalls bei. Wir wissen, dass Gedanken durch das Mitdenken von vielen Menschen zu einer neuen Übereinkunft führen können. Diese Übereinkunft ist nötig, um ein Geld- und Austauschwesen zu organisieren, welches in einer gesunden Weise positiv für alle Beteiligten ist.

Mit Wahrheit und Logik als tragende Grundpfeiler zirkulieren alle erschaffenen Austauschwerte im organischen Kreislauf zwischen allen produktiven Menschen. Keine fremde Instanz verfälscht diesen Austausch und Werte erfahren keine Entwertung, sondern erzeugen durch den gegenseitigen Austausch ein Vielfaches an Lebenswerten.

Wir stehen am Beginn eines neuen Jahrtausends.

Über ein neues Zeitalter wird gesprochen und viele Menschen setzen ihre Hoffnung in die Zukunft.

Blicken wir über die letzten Jahrzehnte zurück, wird offensichtlich, wie die Wirtschaft und die Zivilisation sich fortentwickelte, sich schnell und immer schneller zu bewegen begann und heute in einem turbulenten

Stadium angelangt ist, das von Stress und schnellem Wandel geprägt ist, was bisweilen schon chaotisch anmutet und bei der Weiterleitung und Voraussicht in die Zukunft mit Sicherheit nicht so weitergehen kann.

Die vorherrschenden Grundsätze von materiellem Wachstum und Expansion gelten nicht mehr - wir haben erkannt, dass wir in einem endlichen System und in einer geschlossenen planetaren Sphäre leben und müssen lernen, verantwortungsvoll damit und miteinander umzugehen.

Bereits durch die Gedanken daran, was sein könnte, schaffen wir die Möglichkeit dafür.

Theres Schöni

1. Bisheriges Geldsystem

Was ist Geld?

Dazu müssen wir mehrere Fragen stellen. Was ist Geld heute, was ist Geld eigentlich im ursprünglichen Sinne oder was sollte Geld sein?

Geschichte des Geldes

In der früheren Zeit, als kein Geld im Umlauf war, tauschten die Menschen Ware gegen Ware: zum Beispiel Eier gegen Getreide. Dies erwies sich aber als umständlich und für weitere Wirtschaftstauschräume ungeeignet, weil man immer Waren mitschleppen musste um an ein anderes Produkt zu gelangen.

Gold-, Silber- und Kupfermünzen wurden dann geprägt von Kaisern, Königen und Fürsten, aber auch von Städten und der Kirche. Diese wurden für Waren und Dienstleistungen herausgegeben und kamen so in den allgemeinen Wirtschaftskreislauf.

Die Edelmetallmünzen besassen in sich selbst einen entsprechenden Wert und eigneten sich daher ebenso wie Waren als vertrauensvolles Tauschmittel. Bis zum Jahre 1850 waren in der Schweiz 860 verschiedene Münzen im Umlauf. Durch die grosse Vielfalt an Münzen war es für die Kaufleute schwierig, an fremden Orten ihre Münzen zu gebrauchen. Dies führte zum Beruf der Geldwechsler, welche ihre Tische auf den öffentlichen Plätzen der Handelsstädte aufstellten. Sie tauschten Münzen um.

Die Tische der Geldwechsler nannte man banco: der Begriff Bank wurde somit geboren. Häufig besassen die

Geldwechsler einbruchsichere Gewölbe. Da es auch mühsam war, grosse Beutel voller Münzen für grössere Tauschgeschäfte mitzuschleppen, wurden den Geldwechslern Geldmünzen und anderes Goldvermögen gegen Gebühr in Aufbewahrung gegeben. Als Bestätigung bekam man einen Depotschein. Diese Papierstücke waren zugleich auch ein Zahlungsversprechen des Geldwechslers, des Bankiers. Nach und nach wurden diese Depotscheine als Zahlungsmittel verwendet, weil es einfacher war solche Scheine herumzutragen, als ein Beutel voller Münzen. Die Papiergeldscheine wurden geboren. Obwohl diese Depotgeldscheine eine immer breitere Verwendung fanden, kam ihnen vorerst lediglich eine stellvertretende Bedeutung zu. Nur ihre Einlösbarkeit gegen Edelmetalle machte sie zum allgemein anerkannten Zahlungsmittel, mittels derer man verschiedene Güter gegen das tauschen konnte, was man brauchte. Aus Geldwechsler-Instituten entstanden allerorts Banken. Bald kamen nur noch Wenige, um die Goldmünzen zurückzufordern.

Die Banken konnten somit einen Grossteil ihres eingelagerten Edelmetallvermögens beruhigt gegen eine Gebühr, gleich Zins, weiterverleihen. Sie stellten dafür einen legitimen Gutschein aus, den man im Wirtschaftstausch jederzeit in Edelmetalle einlösen konnte. Die Kreditnehmer mussten für diesen Gutschein einen Schuldschein unterschreiben und zudem immer Sicherheiten vorweisen, obwohl die Banken ihrerseits immer weniger Sicherheiten vorweisen konnten, weil sie im Verlaufe der Zeit viel mehr Gutscheine vergaben, als sie Goldmünzen am Lager hatten.

Mit der Zeit wurden von vermögenden Leuten auch die Depot-Gutscheine zur Aufbewahrung gegeben. Damit die Banken viel Vermögen ansammeln konnten, boten sie dafür einen Einlagezins. Weil diese Depotgutscheine oft lange nicht zurückgefordert wurden, konnten sie auch diese wieder gegen Sicherheiten weiterverleihen.

Das bedeutet, dass die Banken nur einen kleinen Anteil an Goldmünzen halten mussten und Depotgutscheine oder auf Schulden basierende Gutscheine in tausendfacher Weise herausgeben konnten.

Somit schufen sie Bankguthaben in hohem Masse aus dem Nichts. Es wurden schliesslich lediglich Konten für Guthaben und Schulden geführt.

Zusätzlich sicherten sich die Banken die Unterstützung durch die Regierungen.

Das zauberische Geldscheinerschaffen mit zusätzlicher Zinsforderung ergab eine Schuldenfalle, weil die zusätzlichen Münzen und Gutscheine für die Zinsrückzahlung nicht erschaffen wurden und somit im Wirtschaftskreislauf fehlten. Dadurch konnten Schulden inklusive Zins nicht zurückbezahlt werden. Die Kreditnehmer mussten ihren Besitz an die Bank verpfänden oder sogar das gesamte Vermögen der Bank abgeben.

So strichen die Banken in einem ausbeuterischen Akt Häuser, Werkstätten, Waren usw. ein, ohne dass sie ihrerseits für diesen Riesenreichtum selbst auch nur annähernd jemals einen wirklichen Wert erschaffen haben.

Geldscheine für sich allein haben ausser der Papierqualität überhaupt keinen reellen Wert, sie stehen als Symbol für einen Wert und enthalten lediglich ein Versprechen, dass damit ein bestimmter Wert getauscht wird, weswegen sie allgemein akzeptiert werden. Ein Geldschein basiert somit auf Vertrauen, gesellschaftlicher

Übereinkunft und Akzeptanz. Bei Papier muss man mehr Vertrauen haben, als bei einer handfesten Münze - bei einer elektronischen Zahl noch viel mehr.

Wurde dieses Vertrauen missbraucht?

Wie funktioniert die Geldschöpfung heute?

Die 2 hauptsächlichen Geldschöpfungs- und Geldverleihungsinstitutionen sind:

1. Die Nationalbank
2. Die Geschäftsbanken

Die Nationalbank

Vor der Gründung der Schweizerischen Nationalbank bestanden in der Schweiz 28 Banken, die das Recht hatten, eigene Geldscheine herauszugeben. 1891 wurde das Geldnotenausgaberecht dem Bund übertragen.

1905 wurde dieses Recht auf die Firma und Aktiengesellschaft mit dem Namen «Schweizerische Nationalbank» übertragen. Diese Firma ist eine relativ unabhängige halbprivate Aktiengesellschaft, welche im Genuss der Steuerbefreiung vielfältige lukrative Bankgeschäfte tätigen kann.

Das Recht des Notenmonopols übt die Nationalbank seit ihrer Gründung aus. Sie ist heute nicht mehr verpflichtet, Banknoten in Gold zu tauschen - das könnte sie auch gar nicht, da sie das Gold dazu nicht hat. Unsere Geldscheine sind ungedeckt, das heisst, ihre Deckung besteht nur aus dem blossen Papier, aus dem sie bestehen. 1999 ist die Golddeckung ganz aufgehoben wurden.

In Artikel 99 der Bundesverfassung der schweizerischen Eidgenossenschaft über Geld und Währungspolitik steht:

1. Das Geld- und Währungswesen ist Sache des Bundes; diesem allein steht das Recht zur Ausgabe von Münzen und Banknoten zu.
2. Die Schweizerische Nationalbank führt als unabhängige Zentralbank eine Geld- und Währungspolitik, die dem Gesamtinteresse des Landes dient; sie wird unter Mitwirkung und Aufsicht des Bundes verwaltet.
3. Die Schweizerische Nationalbank bildet aus ihren Erträgen ausreichende Währungsreserven; ein Teil dieser Reserven wird in Gold gehalten.
4. Der Reingewinn der Schweizerischen Nationalbank geht zu mindestens zwei Dritteln an die Kantone.

Der Bund hätte somit das alleinige Recht, gesetzliche Vorschriften über das Geldwesen zu erlassen und Zahlungsmittel herzustellen. Somit liegt die Währungshoheit eigentlich beim Bund.

Der Artikel 99 wirft Fragen auf in Bezug auf die heutige Nationalbankenwirtschaft:

Die Regierung versucht zwar über die Nationalbank die Geldmenge zu steuern. Ihr Einfluss ist aber gering, denn die Nationalbank ist in ihrer Entscheidung weitgehend autonom. Damit geht der Demokratie ein grosser Teil ihrer Handlungsfähigkeit verloren. Die Nationalbank weckt den Anschein, die Geldversorgung zu regulieren und irgendeine Regierungsfunktion zu verkörpern.

Im alten Nationalbankengesetz fand sich die Aussage, dass die Nationalbank von Privaten verwaltet und gesteuert werden müsse, weil der Bund sonst die Tendenz hätte, diese Bank zu eigenen Zwecken zu missbrauchen.

Ist es nicht viel eher eher so, dass private Leute, welche

die Nationalbank steuern, dazu tendieren, sie zu eigenen Zwecken zu missbrauchen?

Die Schweizerische Nationalbank SNB gehört zu rund 50% Privatpersonen. Zu den kantonalen Aktionären gehören auch öffentlich rechtliche Körperschaften und Unternehmen, wie Kantonalbanken, welche alle wiederum private Direktoren, Manager und Aktionäre haben. Das Aktionärsverzeichnis der SNB ist nicht öffentlich zugänglich.

Es heisst, dass die SNB kein gewinnorientiertes Unternehmen sei, trotzdem hat die SNB beträchtliche Gewinne erwirtschaftet. Sie handelt unter anderem mit Devisen, also mit Volkswerten anderer Länder. Sie spekuliert und handelt wie andere Banken auch.

Die jährliche Gewinnausschüttung für Bund und Kantone ist ein sehr geringer Anteil im Vergleich zur Gewinnerwirtschaftung der Nationalbank als Gesamtes. Neuerdings bleibt sie sogar ganz aus, mit dem Vorwand des gesunkenen Goldpreises.

Die Nationalbank ist befugt, Geld im Moment einer Kreditvergabe aus dem Nichts zu schöpfen. Sie speist neu erschaffenes Geld in den Geldumlauf ein, welches dadurch entsteht, dass eine Geschäftsbank einen Kredit aufnimmt.

Um neues Geld zu haben, muss der Staat bei einer Bank Schulden machen.

Dieses Geldsystem ist somit ein schuldenbasiertes System: Das neu geschaffene Geld ist eine Schuld und muss verzinst zurückbezahlt werden. Daher vergibt selbstverständlich auch die Nationalbank, so wie alle anderen Banken ihr Geld nur gegen Sicherheiten und Zinsen.

Der Staat kann als Sicherheit die Steuereinnahmen und das Vermögen des Volkes als Sicherheit hinterlegen.

Somit genügt in der Regel eine blosse Schuldverschreibung des Staates. Die Regierung wird als Zinseintreiber vorgeschoben. Ein beachtlicher Teil des schweizerischen Vermögens ist schweizerische Schuld. Die Verwalter der Banken freuen sich über hohe Staats-Verschuldungen. Die finanziellen Machthaber fördern gerne über ihre politischen Vertreter hohe Verwaltungs- und Sozialausgaben, was ihren Akteuren Gewinne einbringt.

Die Beamten der Nationalbank und anderer Banken handeln gewinnorientiert an Börsenauktionen mit "Eidgenossen"; so werden die schweizerischen Staatsschuldscheine genannt. Die berufstätige Bevölkerung erwirtschaftet Zinsen für deren Gewinne via Gebühren und Steuern und finanziert damit auch Zuwendungen an die Nationalbank. Es ist doch unlogisch, dass der Bund, welcher eigentlich selbst die Währungshoheit und das Geldmonopol inne hat, sich bei privaten Institutionen verschulden und deren Gewinne mitfinanzieren muss.

Die Akteure der Nationalbank spielen mit dem Schweizerbundesgeld, indem sie Volksvermögen durch Wechselkursverschiebungen verringern. Sie bestimmen mit, welchen Wert unser Geld hat und verleihen oder entziehen den Marktteilnehmern Kaufkraft. Das Parlament übt darauf keinen Einfluss aus.

Eigentlich müsste ein Staat überhaupt nicht verschuldet sein und ständig Zinsen zahlen, denn er könnte ja eigenes Geld herausgeben. Doch angeblich muss verhindert werden, dass der Staat unbegrenzt Geld druckt und Inflation erzeugt. Unter diesem Vorwand wurde die

Macht in die Hände des privaten Bankensystems gegeben, welches seither genau das gleiche tut, nur leider oft in eigenem Interesse. Ebenso ist bei einem Bankensystem, welches für Kredite Zinsen verlangt, eine Inflation bereits eingeschlossen, weil ein Teil der Erwirtschaftung als Zins zu den Geldverleihern abfliesst und dadurch die Produktion entwertet wird. Wenn ein Staat selbst keine eigene Währung herausgeben kann und deshalb ständig Kredite braucht, dann ist er genauso von den Geldgebern abhängig, er ist in hohem Masse fremdbestimmt. Er kann gar nicht im Sinne seiner Bürger handeln, sondern muss den Interessen der Geldverleiher dienen. Die Staatsgewalt geht also nicht nur vom Volke aus, sondern auch von der Geldmacht.

Ein Staat kann sich selbst lenken. Durch demokratisch gewählte Volksvertreter kann die Einhaltung ethischer Finanzregelungen viel besser gewährleistet werden - ohne privaten Eigennutz und ohne das Abschöpfen der Volksgelder.

Im Obligationenrecht ist für Geldverleihung ein Anrecht auf Verzinsung festgeschrieben. Dies ist ein Gewinngesetz für nichtstuende Geldverleiher und Kapitalhungrige. Der Zeitfaktor, auf den sich der Zins bezieht, macht sie automatisch reicher. Das Zinsgeld, welches zusätzlich zum Kredit zurückbezahlt werden muss, wird nie gleichzeitig mitgeschöpft, somit fehlt es im Wirtschaftskreislauf.

Bankzinsen ziehen somit wertvolle Tauschwerte aus der Wirtschaft. Das heisst logischerweise, dass viele Leute die Zinsen gar nicht bezahlen können. Damit der Staat zinszahlungsfähig bleibt, muss er dauernd Gebühren beim Volk erhöhen.

Eine halbprivate Nationalbank ist nicht in der Lage den öffentlichen Auftrag gemäss Bundesverfassung wahrzunehmen.

Alle Zins-Gelder fliessen in private Hände und vermehren deren Vermögen, aber verringern das Volksvermögen im gleichen Masse.

Viele Gesetze müssen gründlich überprüft und für das Allgemeinwohl angepasst werden.

Die Schuldenbremse ist keine Heilung, sondern nur eine Oberflächenbehandlung. Geld entsteht in diesem System nicht grundlegend durch Arbeit, sondern durch Schulden. Daher muss sich das Land systembedingt immer wieder neu verschulden, sonst fehlt ihm die nötige Liquidität in der Wirtschaft.

Die Geschäftsbanken

Eine Geschäftsbank nimmt bei der Nationalbank Kredite auf. Meistens hinterlegt sie dafür Wertpapiere. Dieses Geld bildet die Mindestreserve für ihre eigenen Kreditschöpfungen. Auch hier basiert die Geldschöpfung auf der Vergabe von Schulden oder Krediten gegen zusätzliche Zinsforderung. Das Geld wird mit jedem Kredit von den Banken aus dem Nichts geschöpft, dem Kunden als Schuld auf der einen Seite und als Guthaben auf der anderen Seite in den Umlauf gebracht. Die Bank muss aber ausser den anfallenden Unkosten keinen Gegenwert leisten. Handelt es sich um elektronisches Giralgeld so ist der Schöpfungsakt gratis, es ist nur ein Verbuchungs-Eintrag. Verliehen wird eine Zahl oder Papier, zurückbezahlt werden muss mit Arbeit, Häusern, wertvollen Produkten. Also sind alle Geldscheine, welche wir in unseren Händen halten eigentlich Schuldscheine, welche jemand von uns wieder an die Bank zurückzahlen muss. Dieses System enthält eine weitere Unlogik. Würde man fleissig die Schulden zurückzahlen und dafür eine magere Existenz in Kauf nehmen, hätten wir praktisch gar kein Geld mehr im Wirtschaftskreislauf, weil ja das heutige Bankengeld nur aufgrund der Schuldmachung entsteht.

Die Bank verbucht Ihnen einen Hypothekarkredit am PC als freies Guthaben innert Sekunden auf Ihr Konto. Sie braucht lediglich 2,5% Nationalbankengeld oder Guthaben bei der Nationalbank als Eigenreserve vorzuweisen. Sie kann also mit 2,50 Franken Mindestreserve 97,50 Franken Kredite schaffen. Oder sie kann, um ein Wertpapier zu kaufen, das Geld dafür direkt erschaffen.

Dies nennt man Giralgeldschöpfung. Bargeldloses Buchgeld wird geschöpft durch Verbuchung auf Ihr Konto. Während die Bank Sekunden braucht, um das Geld aus dem Nichts zu erschaffen, werden Sie sich ein Leben lang abrackern müssen, um diesen Kredit inklusive Zinsen zurückzuzahlen. Jedes Zinsgeld muss durch Arbeit verdient werden. Diese geschöpften Bankkredite werden nicht bei anderen Kunden abgebucht. Es hat also niemand 500.000 Franken weniger, weil der Kreditnehmer 500.000 neu zur Verfügung hat. Falls bei einem Unternehmenskredit die Schuld- und Zinsrückzahlung nicht genügend erfolgt, weil es schon zu viele Anbieter in derselben Branche hat und Konkurs angemeldet werden muss, fällt ein grosser Teil des Geschäftsvermögens der Bank in den Schoss, obwohl sie praktisch Nichts für dieses Vermögen getan hat. Somit können Banken immer wieder neu in immenser Menge Geld aus Luft erschaffen. Die riesigen Bankengewinne, welche Sie mit erwirtschaftet haben, landen unter anderem in den Boni, im Luxus der Bankmanager, welche ausser rote Köpfe beim Herumschieben von Vermögenszahlen und dem Bibbern um ihre eigenen Gewinne keine Werte erschaffen haben.

Auswirkungen dieses Geldsystems

Das herkömmliche Geld beinhaltet eine Dynamik, die es dort ansammelt, wo schon viel vorhanden ist. Verursacher dieses Konzentrationsprozesses ist der Zins und die Geldschöpfungshoheit der Banken. Mit dem Wachsen ihres Vermögens wachsen die Schulden auf der anderen Seite. Das Geld wird fälschlicherweise als Produkt gehandelt und künstlich vermehrt. Für jede leistungslose tatsächliche Geldvermehrung arbeiten aber Menschen und werden dadurch ausgebeutet. Als Anleger sollte man sich dies gut merken. In den letzten Jahren diente der Grossteil der Geldschöpfung nur noch blossen Finanzgeschäften, weil hier die Gewinnmaximierung höher ist, als in der Realwirtschaft. Finanzgeschäfte haben aber für die Realwirtschaft keinen Nutzen, können ihr aber durch künstliche Wertmanipulationen und Entzug an Liquidität grossen Schaden zufügen. Erleiden die Banken an der Börse Investitionsverluste, geraten sie in Schieflage und die Guthaben der Kunden stehen auf dem Spiel. Durch Staatsgarantien werden deren Verluste auf die Allgemeinheit abgewälzt, während die Profite weiterhin privat angeeignet werden. Die Banken stehen nicht für das gesellschaftliche und gesamtwirtschaftliche Wohl ein, sondern für ihre eigene Gewinnerzielung.

Ein schuldenbasiertes Geldsystem, in dem Geld zu einem immens hohen Ausleihkapital vermehrt werden kann, entspricht einem Schneeballsystem. Es wächst und wächst, bis die ganze Welt in Schulden versinkt. Deshalb haben wir den permanenten Wachstumsdruck. Wir müssen permanent wachsen, nur um das Geld für die Rückzahlung alter Schulden plus Zins zu erzeugen. Wenn die Wirtschaft nicht schnell genug wächst, um darüber neues Schuldgeld erzeugen zu können, dann platzen die Kredite, es fehlt das Geld für neue Investitionen und alle

Menschen drängeln sich um das noch vorhandene Geld, um die Banken bezahlen zu können.

Reiche Anleger werden durch den Zins immer reicher, die andern vom Mittelstand abwärts werden immer ärmer.

Durch die staatlichen und privaten Zins-Abgaben, müssen die Produzenten die Preise anheben. Ein Brot vom Hersteller bis zum Kunden wird dann bei jeder Station immer wieder mit Zinsen belastet. Der Bauer zahlt Zinsgeld für die Maschinen, der Müller für seine Mühle, die Transportunternehmen für die Infrastruktur und der Verkäufer muss wiederum im schlussendlichen Preis die eigenen Abgaben aufschlagen. Man rechnet mit versteckten Zinsen von ca. 40% in allen Produkten. Die Zinsen, die sie auf dem Sparbüchlein und von ihrer Pensionskasse im Vergleich dazu bekommen, sind somit absolut vernachlässigbar. Heute ist dieses Zinsgeld leider für viele normal, weil sie eben am Zins-Monopoli selber ein klein wenig mitspielen dürfen. Aber hier wartet der Roulettemeister auf das grosse Abräumen bei den kleinen Mitspielern. Gewinnen tut sowieso nur immer die Spielbank, also die wenigen Geldmonopolisten.

Da Menschen um das knappe Geld, welches tatsächlich im Wirtschaftskreislauf vorhanden ist, in einem Wettbewerb stehen, geht irgendwann jemand Konkurs. Geldmangel löst die ersten Pleiten aus und es folgen weitere Pleiten in einer Kettenreaktion, welche zu hoher Arbeitslosigkeit und dem Zusammenbruch der Wirtschaft führt. Der Zusammenbruch löscht sowohl die Schulden, als auch die Ersparnisse der Bevölkerung aus. Ohne die ganzen Schulden kann sich die Wirtschaft erholen und beginnt erneut zu wachsen. Boom und Zusammenbruch sind also von vorneherein ins System eingebaut. Es gab Währungs- und Bankenzusammenbrüche. Das System ist aufgrund seiner Struktur instabil. Der Grund für die Krise des Geldsystems liegt darin, dass die ganze Welt den Banken Geld schuldet - und die verlangen mehr, als sie hingezaubert haben.

Eine einfache Zinsberechnung zeigt das explosive Wachstum einer Schuld.

Bei einer Hypothek zu 5% mit einer Laufzeit von 20 Jahren wird der Zins regelmässig bezahlt. Hier hat man am Ende der Laufzeit die Schuld bereits 1 mal vollständig bezahlt und muss sie nochmals bezahlen. Da dies meist ausserhalb der finanziellen Möglichkeiten liegt, bleibt einem nichts anderes übrig, als eine neue Hypothek meist über denselben Betrag abzuschliessen oder das Haus zu verkaufen.

Wenn der Zins jährlich zum Schuldbetrag hinzugerechnet wird, beträgt bei 5% Zins die Schuld bereits nach 15 Jahren etwa 2 mal so viel wie zu Beginn. Nach 50 Jahren ist sie 10 mal so hoch wie am Anfang, nach 100 Jahren 125 mal und nach 200 Jahren 16'400 mal !!!

Höhere oder tiefere Zinsen ändern nichts an diesem Effekt der Schuldvermehrung, sie haben lediglich auf die Zeitdauer einen Einfluss.

Zusätzlich werden noch durch weitere Finanzinstrumente Gelder aus dem produzierenden Volk abgeschöpft. Aktien werden an der Börse gehandelt. Um Aktienkurse steigen zu lassen, werden Unternehmen mit Ihren Arbeitern wie Spielbälle herum jongliert. Es wird manipuliert und was keine Gewinne abwirft wird wegrationalisiert. Unternehmen werden mittels schlechter Bewertung in den Ruin getrieben, die danach billig und mit viel Gewinn aufgekauft werden können. Die Gewinne kommen alleine diesen Spekulanten zu Gute. Es geht sogar so weit, dass diesen Spekulanten die Aktiengewinne nicht mehr ausreichen. So wird weiter mit Devisen, Immobilien, Rohstoffen und Nahrungsmitteln spekuliert. Sie verändern Werte dieser volkswirtschaftlichen Mittel willkürlich gemäss ihrer Berechnung für den Abschöpfungsgewinn. Broker im Termingeschäft holen das Letzte aus Preisunterschieden im Markt und spielen die Marktteilnehmer gegeneinander aus, um die Preise noch tiefer zu drücken und die eigenen Gewinne entsprechend zu mehren.

Weiter werden rein virtuelle Gewinne durch spekulative Einschätzung zukünftiger Werte und der Wertversprechung von Wertpapieren erzielt. Durch solche virtuellen Riesengewinne bekommen Banken und Grosskonzerne die Möglichkeit, Macht über Regierungen und Völker auszuüben und einheimische Kleinbetriebe zu schlucken.

Die Finanzmacht geht so weit, dass sie Kriege organisiert, weil sich dann Staaten hoch verschulden müssen. Sie erfindet dazu Feinde und Gegenspieler und kauft verbriefte staatliche Schulden in Form von Staatsanleihen. Waffen, Söldner und Terroristen werden finanziert. Nachdem die Länder zerstört sind, können die Lenker der Finanzmacht ihr blutbeflecktes Geld weiter für den Wiederaufbau erschaffen und finanzieren die Gewinne für das rote Kreuz und die andern sogenannten "wohltätigen Stiftungen" kräftig mit. Dass es solchen Personen egal ist, wie viele Menschen sterben, lässt vermuten, dass es sich bei diesen Kriegshetzern nicht um Menschen dieser Welt handelt.

Menschen, die gegen diese Systeme aufbegehren, setzt man wirtschaftlich unter Druck oder macht sie lächerlich. Zu diesem Zweck kauften die Finanzmächte den grössten Teil der Zeitungen, Fernseh- und Radioanstalten und setzten dort eigene Führungskräfte ein. Man darf rechts und links schreiben, was man will, nur nicht den Problemen auf den Grund gehen. Ein manipulierendes System wurde aufgebaut, um über das Bildungssystem und die Massenmedien zu beeinflussen, was die Bevölkerung zu glauben, zu denken und zu fühlen hat. Sie kaufen die Politiker, um die gewünschten Gesetze zu beschliessen, die Gerichte, welche sie nicht verurteilen und die Polizei, die sie beschützt. Macht und Kontrolle über die Menschen ist das letztendliche Spiel.

Zusammenfassung:

Geschichte:

Menschen tauschten Ware gegen Ware.

Später wurden Edelmetallmünzen zum Warentausch verwendet.

Geldwechsler gaben als Hinterlegung für Münzen Depotscheine heraus. Diese Depotscheine wurden danach als Tauschmittel verwendet.

Aus Geldwechselinstituten wurden Banken. Diese gaben mit nur einem Reserveteil an Edelmetallmünzen in tausendfacher Weise Gutscheine gegen Schuldscheine heraus.

Durch die Einrichtung von Zinsen wurde ein leistungsloses Einkommen erzielt.

Die Nationalbank

1891 wurde das Geldnotenausgaberecht dem Bund übertragen.

1905 wurde dann dieses Recht auf die Firma und Aktiengesellschaft und mit dem Namen «Schweizerische Nationalbank» übergeben.

1999 ist die Golddeckung ganz aufgehoben wurden.

Die jährliche Gewinnausschüttung für Bund und Kantone ist ein sehr geringer Anteil im Vergleich zur Gewinnerwirtschaftung der Nationalbank als Gesamtes.

Neues Nationalbankengeld entsteht dadurch, dass eine Geschäftsbank einen Kredit aufnimmt. Die Nationalbank ist befugt, das Geld im Moment der Kreditvergabe aus dem Nichts zu schöpfen.

Um neues Geld zu haben, muss der Staat bei einer Bank Schulden machen. Dieses Geldsystem ist somit ein schuldenbasiertes System: Das neu geschaffene Geld ist eine Schuld und muss verzinst zurückbezahlt werden.

Der Staat kann als Sicherheit die Steuereinnahmen und das Vermögen des Volkes als Sicherheit hinterlegen. Ein beachtlicher Teil des schweizerischen Vermögens ist schweizerische Schuld.

Die berufstätige Bevölkerung erwirtschaftet Zinsen via Gebühren, Steuern und andere Abgaben und finanziert damit die Zuwendungen auch an die Nationalbank.

Eigentlich müsste ein Staat überhaupt nicht verschuldet sein und ständig Zinsen zahlen, denn er könnte ja eigenes Geld herausgeben.

Die Geschäftsbanken

Mit 2,5% Nationalbankengeld als Mindestreserve kann die Geschäftsbank für 97,5 % immense Kreditsummen schaffen, und dafür Zinsen einkassieren. Verliehen wird eine Zahl oder Papier, zurückbezahlt werden muss mit Arbeit, Häusern, wertvollen Produkten.

Lösungskonzept

2. Wertschaffung und Wertstabilität

Wertschaffung

Jeder ist durch seine Tätigkeit selbst der Geld-Wertschöpfer. Somit ist das Geld der repräsentative Austauschwert für dieses Erschaffen, nie ein Produkt an sich, das separat gehandelt werden kann. Das bedeutet, dass jeder sein Geld, seinen Austauschwert erzeugt, der eine Tätigkeit im privatwirtschaftlichen Austausch oder im öffentlichen Dienst ausübt.

Geld zeigt auf, welche Werte man mit seinen Produkten und Dienstleistungen aufgrund von gesellschaftlicher Übereinkunft geschaffen hat. Es ist ein Symbol für einen geschaffenen Wert oder anders ausgedrückt ein symbolischer Wert für eine erbrachte Leistung. Damit kann man andere geschaffene Werte kaufen. Wenn dieses Geld, dieser tatsächliche Austauschwert mit zusätzlichem Zins oder durch Spekulation künstlich verändert wird, vermindert oder vergrössert sich dieser tatsächliche Wert zugunsten des leistungslosen Nichtstuns der Zinsnehmer und der Spekulanten. Der geschaffene Wert wird verfälscht. Entweder bekommt man nicht mehr das, was einem dafür zusteht, oder jemand anders will viel mehr dafür, als es wirklich wert ist. Es ist, wie wenn sich ein Parasit auf die eigene Produktivität setzen würde. Immer wenn man etwas erarbeitet, saugt er einen Teil davon ab.

Inflation = Geldentwertung = Wertverminderung.

Bei jeder Wertverfälschung, bei der jemand mehr möchte,

als er geleistet hat, wird jemand anders um seinen Austauschwert betrogen. Der Ausgleich eines organischen Gebens und Nehmens wird gestört.

Zinsnehmen für Geldausleihung soll daher nicht mehr erlaubt sein, weil Zins das Geld zum Produkt macht und eine unnötige Inflation verursacht. Zudem ist der Zins einer der Hauptgründe, warum Reiche noch reicher und Arme noch Ärmer werden.

Betrachtung verschiedener Aspekte zum Wertmassstab

Der Wertmassstab soll sich grundsätzlich danach richten, wie viel Lebenswert man erzeugt. Die Gelddeckung oder der Austauschwert steht für sinnvolle Tätigkeit.

Betrachten wir verschiedene Aspekte des Austauschs, so stellen wir fest, dass es generell 2 Arten von Werten gibt:

1. Waren-Wert
   Der Wert einer Ware wird bestimmt durch ihre Quantität und Qualität, sowie durch ihre Produktion, die alle wiederum von verschiedenen unterschiedlichen Faktoren abhängig sind.

2. Dienstleistungs-Wert
   Der Wert einer Dienstleistung wird bestimmt durch den zeitlichen und personellen Aufwand, der zur Verrichtung einer bestimmten Aufgabe notwendig ist, sowie durch die zur Verfügung stehenden Hilfsmittel. Auch hier stehen Quantität und Qualität als Werte.

Beide sind miteinander insofern verknüpft, als dass für die Produktion einer Ware Dienstleistungen erbracht werden müssen.

Betrachten wir den Waren-Wert:

- Die Quantität ist die Menge, die in einer bestimmten Zeiteinheit produziert werden kann. Nimmt sie zu, so sinkt der Wert der Ware, da scheinbar weniger Aufwand notwendig ist, um sie zu produzieren.

- Mit Qualität ist die Güte einer Ware gemeint. Reinheit und Aussehen, Geschmack und Grösse sind wichtige Parameter für ihre Beurteilung. Sie ist zudem oft ein subjektiver Wert, der durch Trend und Mode mitbestimmt wird. Nimmt sie zu, so steigt der Wert einer Ware.

- Die Produktion beinhaltet Menge und Art der Dienstleistungen, die für die Herstellung einer Ware notwendig ist, der materielle und energetische Aufwand, sowie die Umweltverträglichkeit des gesamten Prozesses. Tatsächlich ist sie ausschlaggebend für Qualität und Quantität. Wichtig ist, dass sie sehr sorgfältig betrachtet und umfassend bewertet werden, um Produkte gleicher Art aber unterschiedlicher Produktionsweise miteinander vergleichen zu können. So können z.B von Hand gefertigte Produkte durchaus mit maschinell gefertigten konkurrieren, wenn man die Energiebilanz für Herstellung, Transport und verschiedene Umweltfaktoren miteinbezieht und objektiv betrachtet.

Generell schlagen wir vor, dass kleine regionale Wirtschaftseinheiten geschaffen werden, welche möglichst alle notwendigen Produkte handeln. Hier soll ein Anreizsystem geschaffen werden, dass die regionalen Produkte günstiger und wertvoller sind, als die globalen Produkte, die von weit her kommen.

Betrachten wir nun den Dienstleistungs-Wert:

- Bereits aus der vorhergehenden Beschreibung geht hervor, dass auch für reine Dienstleistungen eine Energiebilanz erstellt werden kann und auch hier stellt sich die Frage nach der Umweltverträglichkeit. Schwieriger wird es da schon, geistige Werte zu beurteilen, da hier kein direkter Massstab angesetzt werden kann. Um geistige Werte zu beurteilen, kann berücksichtigt werden, in welchem Masse sie zur Verbesserung von Lebensqualität beitragen und in dem Sinne Lebenswerte erhöhen.

- *Zeit als Wertmassstab*: wird eine gewisse Zeit gearbeitet, besteht sicher ein Anrecht auf einen Gegenwert. Wir möchten hier zu bedenken geben, dass die Arbeit zweier unterschiedlicher Personen in derselben Zeit unterschiedliche Ergebnisse bringen wird - somit ist Zeit allein kein zuverlässiger Wertmassstab, sondern nur der Rahmen, in dem eine Bewertung stattfinden kann. Ausschlaggebend ist die Intensität der Arbeit in einem bestimmten Zeitabschnitt - und auch hier wiederum das messbare Ergebnis.

Fazit:
Die Wertschaffung und ihr Wertmassstab sind sicher nicht leicht festzulegen. Trotzdem müssen wir irgendwo damit beginnen und im Laufe der Zeit den optimalen Massstab für die einzelnen Werte bestimmen und festlegen. Dies ist einem natürlichen Prozess des Abwägens und Anpassens unterzogen, der zu einem sicheren und stabilen System führen wird. Wichtig dabei ist aber stets eine umfassende, ganzheitliche und weitsichtige Betrachtungsweise.

Wertstabilität:

Wichtig erscheint uns vor allem die Wertstabilität, ohne Inflation!

Erschaffene Werte sollen keinem Wertzerfall unterliegen. Deflation und Inflation finden nicht mehr statt. Die Geldschöpfung erfolgt analog zur realen Wertschöpfung. Standards werden festgelegt, welche eine Stabilität garantieren.

Ein paar heimische und häufig verwendete Produkte, wie z.B Rübli, Käse, Buchenholz sollen im Preis bestimmt werden, ebenso sollen ein paar übliche Tätigkeiten, wie z.B aus Handwerk, Büroarbeit und Lehrtätigkeit in einer bestimmten Lohnspanne erfolgen, damit das Verhältnis und die Stabilität von Lohn und Preisen gewährleistet werden kann.

Die Gesellschaft kann sich daran orientieren und ausrichten.

Die Ausarbeitung solcher Standards bedarf einer sehr sorgfältigen Prüfung unter Einbezug aller damit verbundenen tatsächlichen Produktionskosten inklusive eines vernünftigen Reingewinns. In aussergewöhnlichen Situationen können die Standardwerte um bestimmte Prozente variieren und in der normalen Phase dann wieder zum Richtwert zurückgehen.

Zusammenfassung:

Wertschaffung

Jeder ist durch seine Tätigkeit selbst der Geld-Wertschöpfer. Das bedeutet, dass jeder sein Geld, seinen Austauschwert erzeugt, der eine Tätigkeit im privatwirtschaftlichen Austausch oder im öffentlichen Dienst ausübt.

Geld ist ein Symbol für einen geschaffenen Wert, kein Produkt, dass gehandelt werden kann.

Wenn dieses Geld, dieser tatsächliche Austauschwert mit zusätzlichem Zins oder durch Spekulation künstlich verändert wird, vermindert oder vergrössert sich dieser tatsächliche Wert zugunsten des leistungslosen Nichtstuns der Zinsnehmer und der Spekulanten. Der geschaffene Wert wird verfälscht.

Es ist, wie wenn sich ein Parasit auf die eigene Produktivität setzen würde. Immer wenn man etwas erarbeitet, saugt er einen Teil davon ab.

Inflation = Geldentwertung = Wertverminderung.

Der Ausgleich eines organischen Gebens und Nehmens wird gestört.

Wertstabilität:

Die Geldschöpfung erfolgt analog zur realen Wertschöpfung.

Standards werden festgelegt, welche eine Stabilität garantieren.

Ein paar heimische und häufig verwendete Produkte, wie z.B Rübli, Käse, Buchenholz sollen im Preis bestimmt werden, ebenso sollen ein paar übliche Tätigkeiten, wie z.B Handwerk, Büroarbeit, Lehrtätigkeit in einer bestimmten Lohnspanne erfolgen, damit das Verhältnis und die Stabilität von Lohn und Preisen gewährleistet werden kann.

Die Gesellschaft kann sich daran orientieren und ausrichten.

3. Verbuchung

Verbuchungszentralen

Für die Verrechnung gegenseitiger Austauschwerte werden öffentliche Verbuchungszentralen benötigt, welche als Dienstleistungsbetriebe Allen zur Verfügung stehen. Diese Zentralen können an die Bundes-, Kantons- und Gemeindeverwaltungen angeschlossen werden. Sie führen die Verbuchungen in ihren Bereichen. Die nötigen Regelungen dazu soll ein vom Volk gewähltes Gremium erlassen. Dieses Gremium richtet sich nach einem Kodex, welcher sich an ethischen und vernünftigen Grundsätzen orientiert.

Beispielpunkte:

- Es dürfen lediglich Kosten für den Erhalt der Infrastruktur erhoben werden, mit minimalen Rücklagen als Reserve. Keine sonstige Gewinnerwirtschaftung ist erlaubt.

- Jeglicher Handel mit Geldern, Devisen oder Wertpapieren ist untersagt.

- Die Entlohnung für die Tätigkeit bei den öffentlichen Verbuchungszentralen wird direkt von den Zentralen verbucht. Der Allgemeinheit werden dafür keine Gebühren oder Steuern verrechnet.

Da die Verbuchungszentralen als eine öffentliche Infrastruktur Allen zur Verfügung stehen, ist es sinnvoll, deren Aufwände im Staatsbudget über allgemeine Abgaben zu finanzieren. Dies betrifft aber nur die Aufwände für die Infrastruktur. Beratungen für private Kredit- oder Investitionsgeschäfte werden individuell beglichen.

Im Grunde sind Geldtransaktionen vor allem elektronische Verbuchungen. Über PC oder Handy getätigte Direktverbuchungen von einer Firma zu Angestellten oder zwischen privaten selbständigen Anbietern und ihren Kunden via Internet sollten ebenso möglich sein.

Jede Überweisung erfolgt über die Anwahl der zugeordneten Zentrale.

Da neu die Wertdeckung durch Tätigkeit erfolgt, ist dies auch weniger einer Manipulation ausgesetzt, solange eine Verbuchungszentrale mit involviert ist. Es kann keine willkürliche Werterhöhung stattfinden, wenn die Tätigkeit dahinter nicht belegt werden kann. Auch hinter einem Produkt stehen vor allem Tätigkeiten, durch welche es erzeugt wurde.

Die Guthaben sollen durch die Zentralen jederzeit wo gewünscht auch bar zur Verfügung gestellt werden.

Die Spareinlagen bleiben immer im gleichen Wert bestehen.

4. Kredit- und Investitionswesen

Kreditschöpfung vom Staate selbst

Neu soll der Staat selber Kredite aussprechen dürfen. Der Staat, die Kantone und die Gemeinden, welche die Interessen der Allgemeinheit vertreten sollen, werden Dienstleister im Geldverkehr.

Damit nachhaltige Ideen und Technologien für ein allgemein lebenswertes Leben frei umgesetzt werden können, ist ein diesbezüglich und gesundes Kreditsystem wesentlich. Der Kredit ist eine wichtige Voraussetzung für den Einstieg in den Marktkreislauf. Wie soll sonst ein junger Mensch ohne Sicherheit und Vermögen seine innovativen Ideen umsetzen können. Es gibt keine bestrafenden Bankzinsen, Gebühren und Steuersätze mehr, die einem Unternehmen zusätzlich aufgebürdet werden. Durch den Wegfall dieser unproduktiven Abgaben fallen somit auch einige der Gründe für Preiserhöhungen weg. Die Gewinne aus den geschaffenen Gütern und Dienstleistungen gehören den Marktteilnehmern selbst. Dieser Aspekt führt dazu, dass Unternehmen oder Individuen mit der Zeit genug Geld erwirtschaften können, um neue Maschinen, Autos oder Gebäude ohne Kredit kaufen zu können. Entfällt der Zins, so verschwindet auch der Zeitdruck für Firmen, so dass Gegenleistungen in Ruhe und guter Qualität aufzubringen sind. Dies wird der Wirtschaft und der Gesellschaft besser dienen.

Alle Staats-Politiker schwören heute dem Volk: Wohlstand zu schaffen und zu sichern. Das soll nicht nur beim Schwur bleiben, sondern auch tatsächlich umgesetzt werden. Der Staat soll sich nicht an einem raschen Gewinneinstrich orientieren, sondern den Weg des Gewinne machens über echte, sinnvolle Produkte unterstützen. Nur dieser Weg bringt langfristig den echten Wohlstand. Es soll nie mehr geschehen, dass Arbeit nicht geschaffen werden kann, nur weil das Geld dazu fehlt. Zudem löst sich die Staatsverschuldung auf, da die Teilnehmer durch ihre Tätigkeiten selber Geld erzeugen und die staatliche Verbuchungszentrale für Kredite selbst Geld schöpft. In dieser geschützten Kreditschöpfung fallen fremde Investoren mit korrupten Interessen weg.

Kreditabteilung

Den öffentlichen staatlichen, kantonalen und örtlichen Verbuchungszentralen sind auch die Abteilungen für das Kreditwesen zugeteilt. Sinnvoll aufgegliedert regeln diese die Zuständigkeiten.

Ethisch ausgearbeitete Gesetze beinhalten zum Beispiel, dass Kredite nur für sinnvolle Unternehmungen, welche die Lebenswerte erhöhen, gewährt werden.

Voraussetzungen für einen Kredit

Für die neue Kreditvergabe zählen nicht mehr die alten, gewohnten Werte von Sicherheit, Bürgschaft und Gewinnträchtigkeit.

Die Sicherheit wird durch die Arbeitsfähigkeit und die Qualität der Geschäftsidee gewährleistet und nicht mehr durch Geld und Immobilien. Als Bürgschaft zählt die Vertrauenswürdigkeit des Antragstellers. Die Gewinnträchtigkeit wird für den Kreditnehmer bewertet und nicht für den Geldgeber.

Die neue Kreditvergabe basiert auf der Förderung von Lebenswerten, Produktionsfähigkeit, Marktlage,

Vertrauen, Verantwortung, Beratung und Betreuung. Dieses öffentliche Kreditsystem ist nicht an Sparguthaben und Geldanlagen gekoppelt. Das bedeutet, dass ein Kredit gewährt wird, wenn die entsprechende Leistungsmöglichkeit eines Kunden gegeben ist, diesen wieder zurückzuzahlen.

Es ermöglicht jedermann die selbständige Unternehmensanbietung. Keiner muss mangels Geld mehr untätig bleiben. Das heisst, jeder kann seine Ideen und Aktivitäten starten und zum Wohle der Gemeinschaft und für sich selber einsetzen. Ein Jungunternehmer bekommt Bestätigung und wird zu seinem Mut und Einsatzwillen beglückwünscht.

Ein Kredit im Rahmen eines kontinuierlichen Monatsgehaltes soll jederzeit gestattet werden, sofern kein anderer Kredit hängig ist.

Ein Kreditantrag im Rahmen eines kontinuierlichen Jahreseinkommens wird ebenfalls grundlegend bewilligt, sofern kein anderer Kredit hängig ist. In dieser Grösse wird aber ein Rückzahlungsmodus festgelegt.

Bei solchen Krediten wird lediglich eine kleine, einmalige Bearbeitungsgebühr erhoben.

Nach erfolgter Rückzahlung werden die Kreditsummen gelöscht.

Für personelle Tätigkeiten bei staatlichen, kantonalen oder örtlichen Projekten, welche der Allgemeinheit dienen, sind keine Staatskredite erforderlich, da sie auf den Konten der Teilnehmer direkt gutgeschrieben werden. Für die Infrastruktur werden die allgemeinen Steuergelder verwendet.

Kredit- und Unternehmensberater

Bei jeder Kreditabteilung sind Kredit- und Unternehmensberater tätig.

Diese Berater werden für neue Unternehmen Beziehungen zu allen nützlichen Stellen knüpfen.

Die Kredit- und Unternehmensberater sind fachlich aufgeteilt: Beratung für diverse gewerbliche Branchen, Baufachberatung, Kunst und Kultur, für kleine und mittlere Gewerbe, für Grossunternehmen, für öffentliche Projekte (regionale, staatliche und internationale Projekte).

Sie sind in ihrem Fachbereich kompetent und sind stets auf dem aktuellen Stand der Angebote und Kapazitäten in ihrem Wirkungsbereich. Diese Berater können ein Unternehmen auch betreuend begleiten, wenn dies vom Kreditnehmer erwünscht ist.

Der Kreditberater prüft das Projekt gemeinsam mit dem Unternehmensberater und die Bestätigung erfolgt gemeinsam. Für grosse Projekte entscheidet ein Gremium von Experten.

Für grössere Kredite muss ein Businessplan mit klarer Darlegung der Abzahlungsmöglichkeiten vorgelegt werden. Falls eine Rückzahlungsrate nicht wie vereinbart erfolgt, dann kümmert sich der Berater darum, und hilft dem Kunden, dies mit seiner fachlichen Kompetenz in Ordnung zu bringen. Sollte der Kreditnehmer nach längerer Zeit nicht in der Lage sein, die vereinbarten Leistungen zu erbringen, so kann er zu einem Arbeitseinsatz angehalten und zu Rückzahlungen verpflichtet werden. Jeglicher Beratungs- und Betreuungsaufwand wird separat verrechnet.

Wenn ein Neuunternehmen zu einer Überkapazität und

einem Überangebot eines Produktes oder einer Dienstleistung führt, wird der Berater dies mit den Beteiligten derselben Branche im Ort besprechen. Man schaut als erstes, wie man das neue Unternehmen integrieren kann. Möglich wäre, etwas spezielles, unübliches anzubieten. Wenn es zum Beispiel eine dritte Bäckerei im Ort geben sollte, könnte sich die neue Bäckerei als Confiserie mit Musikbar etablieren, ohne die andern zwei mit ihren Brötchen zu konkurrenzieren.

Konkurse werden so fast nicht mehr stattfinden. Falls trotzdem einmal ein Betrieb geschlossen werden sollte, sind die beschäftigten Angestellten aber nicht die Leidtragenden, da durch die Verbuchungszentrale sichergestellt ist, dass ihre geleistete Arbeit bis zu diesem Zeitpunkt vollständig bezahlt ist.

Investitionswesen

Risikokreditanträge, die von Experten nicht unterstützt werden, können durch private Investoren unterstützt werden.

Man kann sein Vermögen weiterhin bei andern investieren. Zwar erhält man keinen Zins mehr, dafür kann man ihre Produkte vergünstigt beziehen. Die Vergünstigung bezieht sich nur auf den Eigenbedarf. Man investiert dann vor allem in Unternehmen, deren Produkte man für gut befindet und nicht aus Gründen der Gewinnmaximierung. So fällt der gesamte Gewinn an die Unternehmen und ihre Mitarbeiter und nicht mehr an Aktionäre, die nichts davon selbst erwirtschaften. Diese Regelung löst jedes Unternehmen aus der Abhängigkeit von Geldgebern und deren einseitigen Gewinnabsichten, welche oft entgegengesetzt zu einer gemeinwohlorientierten Produktion stehen. Das investierte Fremdkapital soll nach vereinbarten Regelungen wieder zurückerstattet werden.

Zusammenfassung:

Verbuchungszentralen

Für die Verrechnung gegenseitiger Austauschwerte werden öffentliche Verbuchungszentralen benötigt, welche als Dienstleistungsbetriebe Allen zur Verfügung stehen. Diese Zentralen können an die Bundes-, Kantons- und Gemeindeverwaltungen angeschlossen werden.

Über PC oder Handy getätigte Direktverbuchungen von einer Firma zu Angestellten oder zwischen privaten selbständigen Anbietern und ihren Kunden via Internet sollten ebenso möglich sein.

Jede Überweisung erfolgt über die Anwahl der zugeordneten Zentrale.

Die Spareinlagen bleiben immer im gleichen Wert bestehen.

Die Regelungen für die Zentralen richten sich nach einem ethischen Kodex:

- Es dürfen lediglich Kosten für den Erhalt der Infrastruktur erhoben werden mit minimalen Rücklagen als Reserve. Keine sonstige Gewinnerwirtschaftung ist erlaubt.

- Jeglicher Handel mit Geldern, Devisen oder Wertpapieren ist untersagt.

- Die Entlohnung für die Tätigkeit bei den öffentlichen Verbuchungszentralen wird direkt von den Zentralen verbucht. Es werden dafür keine Gebühren oder Steuern der Allgemeinheit verrechnet.

Kreditabteilung

Den öffentlichen staatlichen, kantonalen und örtlichen Verbuchungszentralen sind auch die Abteilungen für das Kreditwesen zugeteilt.

Ethisch ausgearbeitete Gesetze beinhalten zum Beispiel, dass Kredite nur für sinnvolle Unternehmungen, welche die Lebenswerte erhöhen, gewährt werden.

Kredite werden zinslos vergeben.

Für die neue Kreditvergabe zählen nicht mehr die alten, gewohnten Werte von Sicherheit, Bürgschaft und Gewinnträchtigkeit.
Die Sicherheit wird durch die Arbeitsfähigkeit und die Qualität der Geschäftsidee gewährleistet.

Die neue Kreditvergabe basiert auf der Förderung von Lebenswerten, Produktionsfähigkeit, Marktlage, Vertrauen, Verantwortung, Beratung und Betreuung.

Man kann sein Vermögen weiterhin bei andern investieren. Zwar erhält man keinen Zins mehr, dafür kann man ihre Produkte für den Eigenbedarf vergünstigt beziehen.

5. Blühendes Wirtschaften in der Phase des Ausgleichs / Marktregeln

Wollen wir so weitermachen?

Wir sehen in der Schweiz viele Menschen, die es lieben, Sachen anzuhäufen und den neuesten Trends nachzurennen, und ihr Selbstwertgefühl darüber beziehen, wie viel und welche Sachen sie besitzen. - Nur fühlen sich aber Menschen, welche alles kaufen, was sie wollen, ohne es wirklich zu brauchen, davon nie wirklich erfüllt; sie können sich sogar leer fühlen, weil die Anhäufung von materiellen Gütern niemals die erwünschte Erfüllung erzeugt. Mit der gesamten Medienpropaganda werden wir täglich mit Bildern bombardiert, mit der Botschaft, dass wir nicht genug haben, unsere Häuser schöner sein sollten, so wie wir sind, nicht gut genug aussehen und nicht liebenswert sind usw. Wir werden davon überzeugt, Idealen nachzueifern und diese ganzen Sachen zu benötigen, die wir eigentlich nicht brauchen.

Trotz des schnellen Wechsels des Angebots und immer neuerer Modelle, hinkt die Erneuerung von Technologien, welche eine frei nutzbare und saubere Energie, umfassende Gesundheit, oder bürger- und branchennahe politische Organisationsmodelle ermöglichen, arg hinten nach. Ja, diese werden sogar unterdrückt - von Interessengruppen, welchen sonst die Macht über all die schöpferischen Menschen, welche sich aus den Hamsterrädern befreien könnten, verlieren würden.

Auf gleiche Weise geschieht es bei den Finanzinstitutionen mit dem Anhäufen von Geld und virtuellen, künstlichen Werten sogar ohne reale

Entsprechung. Einige schwimmen in dieser unechten Substanz, weil sie sich davon eine nie zu stillende Befriedigung erhoffen und haben Alpträume über mögliche, unvorhergesehene Kursschwankungen.

Wir sind menschliche Wesen und unsere Lebenserfüllung hängt von Beziehungen und vom lebendigen Austausch mit andern Menschen ab, vom Einbringen unserer Interessen und Begabungen für die Gemeinschaft. Wenn wir etwas mit unserer Kreativität und Fähigkeit, produzieren, dann blühen wir auf. Das Glücksgefühl erhöht sich, wenn wir mit diesem Produkt Freude und Nutzen für andere erreichen. Es ist nicht das Konsumieren, welches unser Glücksgefühl erhöht.

Unser Wirtschaftssystem berücksichtigt nicht, dass wir in einer begrenzten Biosphäre leben. In der Gesamtsumme konsumiert der Mensch mehr als die Natur regenerieren kann. Weil ein schulden- und zinsbasiertes Geldsystem eine Wirtschaft mit permanentem Wachstum fordert, würde ein Einstellen des übermässigen, materiellen Konsums bedeuten, dass wir eine Rezession erleben würden. Dieses System fördert auch die Einstellung, dass wir nicht als Menschen betrachtet werden, sondern als Wirtschaftsgüter. Es geht darum: "Wie nützt mir der andere, damit ich überlebe oder gewinne." Somit ist die 1. Aufgabe der Unternehmen in der freien Marktwirtschaft, Profit zu maximieren. Menschen produzieren zu viel, weil sie das Geld für die Kreditrückzahlung mit Zins verdienen müssen und damit sie ihre Gewinne erzielen können, um ihren unechten Wohlstand zu garantieren. Dies fördert Atemlosigkeit, Stress und das Gefühl von Sinnlosigkeit.

Wir haben in uns unbegrenzte schöpferische Eigenschaften. Wir möchten wachsen, uns entwickeln, neues kreieren - aber nicht vordergründig, um immer mehr Materie anzuhäufen, sondern um eine bessere Qualität in allen Lebensbereichen zu erreichen.

Unser Geldsystem verfügt zusätzlich über eine systembedingte Eigenschaft. Dadurch, dass wir privat und staatlich unsere Kredite inklusive Zins zurückzahlen müssen, wobei der Geldwert des Zinses niemals von den Geldschöpfungsinstituten erschaffen worden ist, wird Geld im wirtschaftlichen Austausch allgemein knapp. Man muss sich das Geld für den Zins gegenseitig abjagen. Kennt ihr das Spiel mit den Stühlen, bei dem immer ein Stuhl weniger vorhanden ist, als Personen – man tanzt, und wenn die Musik aufhört ... kann einer den Konkurs anmelden.

Das ist ein künstlich gemachtes, angstbasiertes Glaubenssystem. Wo immer Knappheit vorliegt, stellen sich Verhaltensweisen des Konkurrenzkampfes ein. Wenn man aber die gesamte Geldmenge in der Welt betrachtet, liegt keine Geldknappheit vor. Das meiste Geld wird in der Welt durch reine Geldgeschäfte mit Wertpapieren, Wertspekulationen, Derivaten und Kursunterschieden gemacht. Nur etwa 5% aller Geldgeschäfte in der Welt haben etwas mit Waren, Dienstleistungen oder Anlagegütern zu tun, die echte Werte repräsentieren. Die künstlichen Geldwerte zirkulieren nicht im reellen Markt, aber durch künstliche Geldvermögen werden Werte vom Realmarkt abgeschöpft.

Wenn jeder durch seine Tätigkeit Geld aber selber erschaffen kann, und keine Zinsen für Kredite mehr bezahlen muss, dann löst sich die Verknappung des Geldes auf und die Wirtschaft erfährt eine grosse Entspannung. Auf diesem Boden kann die Kooperation gedeihen.

Wie Geld geschöpft wird und wie es als Tauschwert verwendet wird, basiert auf der Übereinkunft in einer Gemeinschaft. Wir können eine ungute Übereinkunft über Geld durch neue Einsicht und Verbreitung von Bewusstsein neu wandeln.

Lokales Wirtschaften fördern

Wirklicher Reichtum im Unterschied zum "Phantom-Reichtum", lässt sich nicht mit virtuellen Geld- und Sachwerten bemessen, sondern mit geistigen Werten wie Liebe, Begabungen mit anderen zu teilen, eine intakte Familie, eine gesunde interaktive Gemeinschaft, Unterstützung und Gegenseitigkeit oder ein gesundes natürliches Umfeld. Eigentlich hungern wir nach Kooperation und echten Beziehungen mit anderen Menschen und mit der Natur.

Die Einstellung zu wahrem Reichtum beginnt damit, dass jeder über die Fragen nachdenkt:

- *Was ist mir persönlich wertvoll ?*
- *Was ist mir in meiner Arbeit wichtig ?*
- *Wodurch oder womit vermehrt sich mein Wohl ?*

und weiter

- *Was ist mir wertvoll in Beziehung mit anderen und der Natur ?*
- *Wie vermehrt meine Tätigkeit das allgemeine Wohl ?*
- *Wie beeinflusst mein Unternehmen meine Kunden, meine Mitarbeiter, meine Gemeinde ?*
- *Was hinterlasse ich nach der Bilanzrechnung wirklich in meinem Umfeld ?*

Die geistigen Werte in Harmonie mit den materiellen Werten zeigen uns die Richtung für eine gedeihende

Wirtschaft.

Es liegt auf der Hand, dass solche Werte nicht in einem anonymen Grossen gelebt werden können, sondern in kleineren miteinander in Beziehung stehenden Gemeinschaften. Im Dorf, in der Region in der wir leben, wirtschaften wir vor allem lokal, um unsere direkte, nahe Umgebung in jeder Hinsicht zu fördern.

- Regionale, autarke Strukturen, worauf die Menschen selbst flexibel reagieren können, um Ausgleiche direkt lokal vorzunehmen.
- Möglichst konstante Kreisläufe, welche durch den organischen Kreislauf Stabilität schaffen.
- Konstant im Kreis der wirtschaftlichen Beziehungen, aber innovativ in Qualität.
- Starke regionale Gemeinschaften, welche die Grundversorgung der Einwohner in sinnvollem Grad gewährleisten.

Es soll eine Wirtschaft sein, wo jeder mit seiner sinnvollen Tätigkeit einen adäquaten wertschätzenden Austauschwert erhält.

Die Herstellung richtet sich nach der gewünschten Nachfrage. Das Ziel ist, dass jede Regionalgemeinschaft ausreichend Produkte herstellt, die sie zur Befriedigung der eigenen Grundbedürfnisse braucht. Es soll eine Koordination unter den ansässigen Branchen zu diesem Zweck stattfinden. Des weiteren soll der lokale Austausch von Produkten in Direktvermarktung ohne Zwischenhandel stattfinden können, um günstig zu handeln und auch um die zwischenmenschlichen Beziehungen zwischen Produzent und Konsument zu pflegen.

Wir müssen uns bewusst werden, was und wo wir investieren. Expansion in andere Regionen soll weiterhin erfolgen können, aber nur mit Produkten, welche in anderen Regionen in gleicher Art nicht ausreichend vorhanden sind.

Eine Wirtschaft mit regionalen Einheiten, welche in grösstmöglicher Eigenregie funktionieren: Menschen sollen für Bereiche, welche sie direkt betreffen und in denen sie arbeiten und leben, eigene Entscheidungen treffen - in selbstorganisierten Kreisen mit einer kollektiven Verantwortung, um vernünftige Lösungen zu erarbeiten und um auftauchende Probleme zu lösen. Um überregional sinnvolles miteinander zu regeln, müssen sie auch in regional übergreifenden Delegationen vertreten sein. Dies bedingt eine Organisationsstruktur, welche auf Veränderungen flexibel reagieren kann, und sich nicht nach starren Richtlinien über Jahre hinweg allgemein bremsend auswirkt - somit auch keine fremdbestimmte aufgeblähte Bürokratie und Verwaltung.

Um dies mit zu gewährleisten, sollen alle Branchen ausgeglichen Vertreter in der Politik haben.

Regionale übersichtliche Internetplattformen, welche auch in den Gemeindezentren von den Bürgern genutzt werden können, müssen das Angebot der lokalen Unternehmen und deren Produkte und offene Arbeitsangebote zeigen. Dies fördert das Leben und Arbeiten in der Region.

Reingewinn ermöglichen

Eine Voraussetzung für gedeihendes, nachhaltiges und entspanntes Wirtschaften ist, dass wir alle auch Reingewinne haben, aber es sollte nicht das einzige Ziel sein. Wir sollten uns gegenseitig die Gewinne gönnen.

Haben wir mit unseren Produkten und unserer Arbeit eine gesunde Gewinnmarge erreicht, sollten keine Preiserhöhungen mehr stattfinden. Eine Kapital-Gewinnmaximierung sollte mit Lebenswert-Gewinn gekoppelt sein.

Lassen wir also die Unternehmer durch Produktion und Fleiss, ihre Gewinne haben, denn damit schaffen sie Wohlstand für alle und verteufeln wir sie nicht als Inflationstreiber. Diese Wertoptimierung bleibt im Wirtschaftskreislauf. Die Inflation im negativen Sinne entsteht durch leistungslose Geldvermehrung über den Zins, und über Wertspekulation, denen keine Güterproduktion oder echte Dienstleistung gegenübersteht.

Damit der heutige Wohlstands-Standard gewährleistet ist und Zeit für Qualität, Freude und das Leben bleiben, sollen alle unnötigen, Energie raubenden Kosten wie Geldzinsen, Verteuerung durch Finanzspekulation und Gewinnbeteiligung der Aktionäre, Arbeitslosenversicherung, Gebühren für z.B Mehrwertsteuer aufgehoben werden und Kosten wie AHV-Abzüge, Sozialkosten, Krankheitskosten und Staatssteuern stark minimiert werden.

Im neuen System müssen für Tätigkeiten im öffentlichen Dienst zu Gunsten der Allgemeinheit keine Steuern mehr bezahlt werden, sondern nur für Rohstoffe für Aufbau und Unterhalt der Infrastruktur, für internationale Dienstleistungen und wenige soziale Abgaben. Die Entlohnung geschieht durch direkte Gutschrift der Verbuchungszentralen.

Alle Abgaben, welche ein krankes System unterstützen, fallen grösstenteils weg, wie:

- Abzüge für Arbeitslosigkeit: Die Arbeitslosigkeit löst sich auf, weil Arbeit unabhängig von Geld haben oder nicht haben kreiert werden kann, da durch die Arbeit selbst Geld kreiert wird. Es gibt immer die Möglichkeit, eine sinnvolle Tätigkeit auszuüben, auch für pensionierte Menschen, wenn sie das wünschen. Sehen wir uns um, wir hätten wahrscheinlich 1000 Ideen für Arbeiten, die sinnvollerweise noch getan werden könnten.

- Krankheits- und Sozialkosten: Da in einem gesunden Umfeld gesunde Menschen leben und neue Gesundheitsmethoden intensiv gefördert und nicht mehr unterdrückt werden, würden die Kosten sehr niedrig.

- Strom, Wasser und Kommunikation: Da die Betriebe neu staatlich sind, also der Allgemeinheit gehören, werden die Abgaben dafür sehr kostengünstig.

- Mehrwertsteuer: Weil Gelder dafür aus dem wirtschaftlichen Austausch abgelenkt werden, und den Austausch schwächen, wird sie abgeschafft.

- Staatsschulden: Da im wirtschaftlichen Austausch das Geld direkt von den produzierenden Bürgern geschöpft wird, und der Staat selbst Kredite vergeben kann, müssen keine Schulden gemacht werden, die mit Zins und Zinseszins zurückbezahlt werden müssten. Es wird keine Bank mehr benötigt, welcher das Volk Geld und Zinsen schuldig wäre.

Ein Heer von Verwaltungsangestellten, welche zum Verdruss der Bürger und Unternehmen mithelfen, Gebühren zu fordern und lebensbremsende Gesetze verfolgen, können sich dann besinnen und überlegen, wie sie sich zum Nutzen der Gemeinschaft in der Wirtschaft einbringen können. Sie sollen für diesen Prozess Coaching erhalten, um eine sinnvolle Tätigkeit zu finden. Auch sie werden von der Gesellschaft in ihrer Sinnfindung getragen.

Menschen, welche Gewinne aus reinen Geldspekulationen gezogen haben, brauchen eine Umschulung für eine neue sinnstiftende Tätigkeit für die Gemeinschaft. Eine solche Umschulung soll "Ethik des neuen Geldsystems" als Hauptfach haben.

Viele KMUs werden aufblühen, da sie von vielen unnötigen Abgaben befreit sind und das Vorrecht haben, im eigenen Land zu produzieren und zu verkaufen. Sie erhalten wieder vernünftige Reingewinne, sowie auch ihre Angestellten, ohne dass sie ihre Produktion in Billiglohnländer auslagern müssten. Die Arbeitszeit soll nach Wunsch reduziert werden können, um mehr Zeit für Familie, Freunde, die Natur, und weitere Interessen zu haben. Mit 25 Std. Arbeit pro Woche soll eine Person mit durchschnittlichem Einkommen leben können; mit 34 Std. sollte sie gut leben können, Ferien inbegriffen. Das bedeutet, dass sich der Wirtschaftsstress auf allen Seiten enorm minimiert. Heute sinken viele Schweizer nach einem arbeits- und stressintensiven Arbeitstag erschöpft in den Sessel und verschaffen sich vom Fernsehen eine Pseudoerholung. Kunst, Sport, Kultur und Natur sollen einen Platz im Alltag haben.

Durch begünstigte Faktoren können alle Produkte in ausreichender Zeit und Qualität zum bisherigen Preis fabriziert werden. Es geht nicht mehr darum, wie viele Produkte man verkauft, sondern um eine gute Qualitätsarbeit und darum, überhaupt Zeit für Qualität zu haben. Die Menschen möchten Wohlstand. Eine Wandlung von der vorwiegenden Konsum- und

Wegwerfgesellschaft zu einer Sinngesellschaft schafft in dem Masse Wohlstand und Qualität, wie es für den Lebenswert nützlich ist.

Erlauben wir uns auch Phasen der Musse und Stille. Das bedeutet, innerhalb der Wirtschaftlichkeit mehr zeitliche Freiräume dafür schaffen zu können. Wir haben Maschinen geschaffen, welche viele Arbeiten für uns erledigen. Nutzen wir diesen Freiraum für Tätigkeiten in Kultur, Natur und Kunst.

Marktregeln:

Der freie Wettbewerb, nach den jetzigen unausgeglichenen Machtverhältnissen, worin jeder ums Überleben kämpft, fördert den Egoismus und die Ausbeutung von Menschen und Ressourcen. Damit sich dieser Zustand entspannen kann, braucht es faire Regeln und Strukturen.

Vorschläge:

- Jede private und staatliche Unternehmung, welche grundsätzlich umwelt- oder gesundheitsschädliche Produkte herstellt oder benutzt, muss von einem unabhängigen Gremium untersucht werden und es sollte überprüft werden, inwiefern es bereits gesunde Alternativen gibt, auf die umgesattelt werden könnte. Ein Übergang muss in einem bestimmten Zeitraum organisiert werden. Alle schädlichen Einflüsse jeglicher Art sollten möglichst auf minus reduziert werden.

- In der Schweiz sollen schweizerische Unternehmen bezahlbare Produkte zu guten Bedingungen produzieren können. Jedes regionale ansässige

Unternehmen hat das Recht seine Produkte gemäss der Kostenwahrheit verkaufen zu dürfen. Ausländische Firmen dürfen nur ansässig werden, wenn der Bedarf eines Produkts nicht schon durch Unternehmen in der Schweiz abgedeckt wird, und wenn kein Schweizer Unternehmen diese Produkte gemäss Gewinnanteilabsprache produzieren oder verkaufen möchte. Schweizer Arbeitnehmer sollen für die Anstellung in schweizerischen Unternehmen bevorzugt berücksichtigt werden.

- Rund ein Drittel des Welthandels findet im geschlossenen Kreislauf einzelner Konzerne statt. Diese Konstellation kommt also nicht der Allgemeinheit oder der Region zu Gute. In der Konsequenz sind keine ausländischen Grosskonzerne zulässig, welche den Markt in der Schweiz überschwemmen und unterhöhlen. Im Gegenzug müssen Schweizer Firmen, welche die Produktion in Billiglohnländer auslagern, höhere Abgaben zahlen, weil sie die Arbeit nicht im eigenen Land zur Verfügung stellen.

- Da wir eine blühende Landeswirtschaft im Ausgleich befürworten, soll ebenfalls nur importiert werden dürfen, wenn der Bedarf nicht schon durch die Schweizer Produktion abgedeckt wird. Sinnvollerweise sollte dies auch bei andern Ländern gelten.

- Für alle andern Produkte, welche nicht oder zu wenig im eigenen Land hergestellt werden können, soll ein zollfreier Handel stattfinden - in diesem Sinne eine Kooperation mit andern Ländern.

- Bei Expansion einer Firma in Gebiete, in denen ihre Produkten oder Dienstleistungen noch nicht angeboten werden, soll in der neuen Marktregion ansässigen Unternehmen das Recht eingeräumt werden, selbst dieses Produkt herzustellen und oder in Eigenregie zu verkaufen, mit einer Linzenzgebühr von unter 1% des Reingewinnes bis zu 10 Jahren.

- Verbot von Devisen- und Aktienhandel, sowie jeglicher Geldspekulation, weil dadurch mit der Existenzgrundlage von Völkern und Unternehmen spekuliert wird. Aufhebung der Börsenaktivitäten. Die Börsenlokalität kann in ein Umschulungszentrum für sinnstiftende Tätigkeiten verwandelt werden.

Bewusstsein für ein blühendes Wirtschaften

Wir möchten eine Gesellschaft, welche Fortschritt für alle Lebensbereiche auf allen Ebenen fördert, neue innovative Ideen und Visionen in diesem Sinne mit Wohlwollen unterstützt und alle Kräfte, welche gegen ein Gedeihen wirken, zur Umwandlung führt - eine Gesellschaft, in der Kunst und Kultur gedeihen und Menschen erlaubt, das Leben in vollem Umfang, mit grosser Freiheit und Gegenseitigkeit zu erfahren und zu erleben.

Menschen können da ihre Leidenschaft, das was sie mit inniger Freude tun möchten, zum Ausdruck bringen, ihre Interessen und Fähigkeiten entfalten, sowie neue Fähigkeiten erlangen und umsetzen.

Durch das Wachsen des Bewusstseins werden die Menschen:

- Erkennen, wofür sie da sind, wie sie ihre Fähigkeiten auch zum Nutzen der andern einbringen können und dass es den andern auch gut gehen soll.
- Sich selbst wertschätzen und den andern

Wertschätzung angedeihen lassen.

- Die direkte Erfahrung von Freude in der Gegenwart haben können und nicht wie jetzt oft, arbeiten, damit man sich später etwas leisten kann, das Freude bereitet.
- Die eigene Kreativität, das eigene schöpferische Potential zum Tragen bringen, kunstvolles Tun.
- Eine Vielfalt an Tätigkeiten verbinden dürfen, nicht nur an eine Tätigkeit gebunden sein müssen.

Wenn die Menschen sehen würden, dass ihr Wohl, egal aus welcher Schicht sie stammen, von Kommunikation und Kooperation abhängt, würden alle am selben Seil ziehen.

Wie weit wären wir heute, wenn wir statt einander gegenseitig zu konkurrenzieren, kooperieren würden? Wir wären nicht nur technologisch in unfassbaren Sphären, wir wären auch ethisch und umwelttechnisch an einem Punkt, von dem wir heute nur träumen...

Zusammenfassung:

Wir sind menschliche Wesen und unsere Lebenserfüllung hängt von Beziehungen und vom lebendigen Austausch mit andern Menschen ab, vom Einbringen unserer Interessen und Begabungen für die Gemeinschaft. Es ist nicht das Konsumieren, welches unser Glücksgefühl erhöht.

Lokales Wirtschaften fördern

- Starke regionale Gemeinschaften, welche die Grundversorgung der Einwohner in sinnvollem Grad gewährleisten.
- Konstant im Kreis der wirtschaftlichen Beziehungen, aber innovativ in Qualität.

Im Dorf, in der Region in der wir leben, wirtschaften wir vor allem lokal, um unsere direkte, nahe Umgebung in jeder Hinsicht zu fördern.

Die Einstellung zu wahrem Reichtum beginnt damit, dass jeder über die Fragen nachdenkt: "Wodurch oder womit vermehrt sich mein Wohl?" und "Wie vermehrt meine Tätigkeit das allgemeine Wohl?"

Regionale übersichtliche Internetplattformen, welche auch in den Gemeindezentren von den Bürgern genutzt werden können, müssen das Angebot der lokalen Unternehmen, deren Produkte und offene Arbeitsangebote zeigen. Dies fördert das Leben und Arbeiten in der Region.

Reingewinn ermöglichen

Für gedeihendes, nachhaltiges und entspanntes

Wirtschaften sollten wir uns gegenseitig die Gewinne gönnen.

Die Inflation im negativen Sinne entsteht durch leistungslose Geldvermehrung der Banken über den Zins und über Wertspekulation, denen keine Güterproduktion oder echte Dienstleistung gegenübersteht.

Alle unnötigen, Energie raubenden Kosten sollen vermindert werden.

Marktregeln

In der Schweiz sollen schweizerische Unternehmen bezahlbare Produkte zu guten Bedingungen produzieren können.

Keine ausländischen Grosskonzerne sind zulässig, welche den Markt in der Schweiz überschwemmen und unterhöhlen.

Es soll ebenfalls nur importiert werden dürfen, wenn der Bedarf nicht schon durch die Schweizer Produktion abgedeckt wird.

Für alle andern Produkte, welche nicht oder zu wenig im eigenen Land hergestellt werden können, soll ein zollfreier Handel stattfinden.

Verbot von Devisen- und Aktienhandel, sowie jeglicher Geldspekulation, weil dadurch mit der Existenzgrundlage von Völkern und Unternehmen spekuliert wird.

6. Perspektiven bei Marktsättigung

Ursachen und Folgen der Marktsättigung

Globaler Markt

Unternehmen verteilen Geld, Produkte und Dienstleistungen auf dem gesamten Globus. Aufgrund der gewinnabschöpfenden Gesinnung wird dort investiert und produziert, wo die billigsten Arbeitskräfte sind und legal ausgebeutet werden können und verkauft wird dort, wo die höchsten Preise zu erzielen sind.

Aus unseren Produktionen abgeschöpfte Steuergelder, und Zinsen werden im Ausland, auch als "Entwicklungshilfe" in Fabriken und Maschinen investiert.

Diese ausländischen Serienprodukte überschwemmen und übersättigen dann im Gegenzug unseren Schweizer Markt. Grosskonzerne regeln die Weltmärkte und beeinflussen politische Strukturen der Länder. Deshalb haben wir auch eine Konzerndiktatur in der pseudodemokratischen Schweiz.Die Demokratie unseres Landes ist dann höchstens noch im weissen Kreuz unserer Fahne zu finden.

Wir haben es nicht verdient, mit unserer Arbeit und unserem Einsatz ausgebeutet zu werden.

Preiswettbewerb und Gewinnverlust

Hoch loben wir die Übersättigung als Konsumenten, weil sich durch den wilden Unterbietungskampf bei den Unternehmern die Preise senken, als Antwort auf die vielen gleichen Produkte im Angebot. Die Irrmeinung, dass dem Konsumenten dadurch Wohlstand verschafft wird, indem er etwas einsparen kann, sollte über Bord geworfen werden.

Die inländischen Unternehmen stehen vor einem Dilemma: Einerseits haben sie tiefere Einnahmen und andererseits höhere Löhne. Die logische Gegenmassnahme ist das Senken der Löhne. Wenn die Gewerkschaften das nicht zulassen, müssen Arbeiter wegoptimiert werden. Folglich haben wir mehr arbeitslose Sozialfälle und für alle höhere Lohnabzüge. Das kann auch bedeuten, dass ausländische Billiglohnarbeiter bevorzugt angestellt werden. Zudem werden Schweizer Produzenten zunehmend ihre Produktion in Entwicklungsländer auslagern, um überhaupt überleben zu können. Am Schluss sind alle drei die Verlierer, der Schweizer Konsument, der seinen Arbeitsplatz verliert, die ausgebeutete Arbeitskraft im Entwicklungsland und auch der Unternehmer, weil er keine zahlungsfähigen Kunden mehr hat.

Überangebote ruinieren die Gewinne. Wenn alle das Gleiche anbieten, bewegt sich die Gewinnmarge gegen null. Man muss über seinen Lebensstandard hinaus produzieren können, um den Lebensstandard zu halten. Haben die Unternehmer keine Gewinne, so sind sie unterwürfige, abhängige Kunden bei den Geldverleihern und brauchen Überbrückungskredite. Der Preiszerfall führt zum Bankrott der Produzenten. Die wertvolle Konkursmasse fällt den Geldverleihern in den Schoss. Wer hat das grösste Interesse am Überangebot und der Marktsättigung? Die Geldverleiher!

Sind wir als Konsumenten nicht bereit, einen fairen Preis zu zahlen, schneiden wir uns ins eigene Fleisch. Wenn wir dem andern den Gewinn nicht gönnen, dann gönnen wir ihn auch uns selbst nicht. Wenn der Schweizer Markt ausgetrocknet ist und wir keine eigenen Produkte mehr herstellen, sind wir nur noch Importeure und verkaufen Produkte von Leuten anderer Länder.

Aus unserer eigenständigen Eidgenossenschaft wird ein abhängiges Lohnvolk, welches bei ausländischen Konzernen für Massenartikel im Dienst steht - zu schlechten Arbeitsbedingungen, die wir vorher selbst durch Billigeinkäufe mit eingekauft haben.

Rationalisierung

Weiter werden Unternehmer durch diesen Preiswettbewerb immer danach trachten, die Anzahl der Mitarbeiter zu reduzieren. Da die zunehmende Automatisierung der Produktionsprozesse menschliche Arbeitskraft mehr und mehr überflüssig macht, werden Arbeiter weg optimiert. Diese Rationalisierung vermindert Erwerbsarbeit. Die Automatisierung wird so sehr an die Spitze getrieben, dass in Japan schon Roboter für die Pflege von alten Menschen eingesetzt werden, welche diese Menschen zu Objekten degradieren und denen menschliche Wärme vorenthalten wird. Das Gefälle zwischen den billigen Massenprodukten und der Einzelanfertigung des wertvollen Handwerks ist kaum mehr zu überwinden, so dass das Handwerk weichen muss.

Durch Automatisierung können grosse Serien eines Produktes hergestellt werden, dadurch können nur noch beschränkt Anbieter in dieser Branche produzieren, sonst übersättigen zu viele Produkte im Vergleich zur Nachfrage den Markt.

Folgen des verzinsten Schuldgeldsystems

Damit im heutigen verzinsten Schuldgeldsystem der Schuldendienst auf der stets wachsenden Schuld überhaupt geleistet werden kann, muss dauernd neues Geld geschaffen werden. Dieses neue Geld muss investiert werden, zusätzliche Sicherheiten müssen gedeckt werden. Um diesem Mechanismus zu dienen, müssen immer mehr Häuser, möglichst in verdichteter Bauweise, Maschinen, Autos, Schiffe usw. auf Kredit produziert werden. Die Wirtschaft muss ständig mindestens so schnell wachsen, wie der Schuldenberg. Sobald die Wirtschaft aufhört zu wachsen, gibt es überall Pleitewellen, obwohl nirgendwo eigentlich materieller Notstand herrscht. Im Gesamtsystem fehlt dann einfach nur das Geld für die Schuldrückzahlung mit Zinsen. Dies führt direkt zum viel beklagten Wachstumszwang der Wirtschaft. Mit dem herkömmlichen Schuldgeldsystem können wir uns andererseits ein wirtschaftliches Nullwachstum ökonomisch nicht leisten. Um diesen Widerspruch zu überwinden, ist eine Neuorientierung im Geldwesen dringendst erforderlich.

Wir erleben steigende Überproduktion bei fehlender Kaufkraft. Bisher konnte die fehlende Kaufkraft durch steigende Verschuldung (Privatkredite) einigermassen aufgefangen werden. Da aber nunmehr aufgrund des Wachstumsverlaufs des Zinssystems sämtliche Schulden extrem schnell ansteigen, und es immer schwieriger wird, sie zurück zu zahlen, geraten auch immer mehr Banken in Schieflage und sind nicht mehr in der Lage, Kredite zur Verfügung zu stellen. Bei den Geldverleihern ist die Verlustangst ausgebrochen, welche Mitverursacher dieser Wirtschaftskrise ist. Die kleinen Unternehmer erhalten keine Kredite mehr. So ist es für Menschen, welche sich selbständig machen möchten, heute ausserordentlich schwierig, einen Kredit zu erhalten.

Auch diese Bankenschieflage ist:
1. eine logische Folge in diesem Geldsystem und
2. bewusst eingeplant.

Die Politiker in der Schweiz haben der wiederum privaten FINMA (Finanzmarktsaufsichts Kommission) das Recht eingeräumt, die neue Bestimmung zu erlassen, Banken, falls erforderlich, zu erlauben, die Sparvermögen ihrer Kunden für sich selbst zu beanspruchen. Die Menschen werden so erneut wie eine Zitrone ausgepresst.

Das Angebot an Arbeitsplätzen hält schon heute und vor allem zukünftig nicht mehr Schritt mit der Nachfrage. Zinsen, Übersättigung durch ungesunde Globalisierung, Dumpingpreise, hohe Gebühren und Automatisierung führen zu Arbeitslosigkeit.

Perspektiven bei Marktsättigung

Eine Gesellschaft ist so gesund, wie ihre Teilnehmer sinnvoll tätig sind.

Wichtig ist, dass die freie Marktwirtschaft für gesättigte Märkte ethische Spielregeln erhält.

Wir, die aktiven Marktteilnehmer, können diese im Konsens aufstellen und die alten widerrufen.

Regelungen sind nur wo weit sinnvoll, dass ein fairer Handel möglich wird. Sie sollen für ökonomische, regionale und ökologische Entwicklungen mehr Freiheiten erlauben und ein „Getragen sein" im eigenen Land fördern.

Vorschlag: Höhere Zölle für übersättigende Importprodukte, die hier heimisch sind und in gleicher Art und Qualität ausreichend vorhanden sind.

Die Zollgelder werden an die entsprechenden Branchen und ihre Kunden als ethischen Finanzausgleich in Form eines Ethikgutscheins abgegeben.

"Fair trade Swiss gleich fair trade world" heisst das neue Motto. Faire Balance in Preis und Lohn.

Unsere Produktivität macht unseren Wohlstand aus. Qualität, Vielfalt und die Fähigkeit zu produzieren, sollen unterstützt werden, dadurch können Arbeitsplätze geschaffen werden. Lassen wir doch alle Länder und Völker sich mit ihrer Produktivität ihren eigenen Wohlstand schaffen. Die Arbeitsplätze werden dadurch im Heimatland nur sicherer. Ein Volk braucht keinen Exportgewinn, um echten Wohlstand zu schaffen, dies können die Menschen untereinander in ihrer Region viel besser und nachhaltiger mit echtem Wertzuwachs tun. Das führt zu einem Leben mit weniger Produktionsabfällen und mit harmonischen Beziehungen zwischen den Nationen.

Je mehr produktive Leute es in einer Gesellschaft gibt, desto mehr Güter und Dienstleistungen werden in der Gesellschaft sein und desto besser wird es mit der Gesellschaft im Allgemeinen stehen. Wird Nicht-Produktion belohnt, erhalten wir mehr Nicht-Produktion. Belohnen wir Produktion, erhalten wir mehr Produktion - so einfach ist es. Produktion stabilisiert die Wirtschaft, Nicht-Produktion destabilisiert sie.

Setzen wir Automatisierung und Maschinen mit Bedacht ein. Sie sollen niemals die zwischenmenschlichen Werte ersetzen. Sie sollen uns unangenehme Arbeiten abnehmen und mehr Raum schaffen für Kreativität. Gegen einen Reinigungsroboter zum Beispiel haben wir nichts einzuwenden.

Technologische Fortschritte durch Maschinen, Elektronik und Automatismen sollen dem verbesserten, zivilisatorischen und zwischenmenschlichen Austausch, sowie dem Austausch mit der Natur dienlich sein.

Handwerk, Kunst und Kultur können nicht von Maschinen ersetzt werden, weil nur der Mensch selbst mit seiner ihm innewohnenden persönlichen Lebensenergie den individuellen Wert ausmacht.

Handwerk:

Sehen wir das Handwerk als eine Krönung der menschlichen Schaffenskraft an.

Was sich heute nur vermögende Leute leisten können, soll vielen Menschen wieder zugänglich sein. Ein Kleid vom eigenen Schneider, mit ausgewählten Stoffen massgeschneidert, vermag die Ausstrahlung der Persönlichkeit zu untermalen. Ein Tisch nach eigener Vorstellung vom Schreiner gewerkt, zaubert eine unvergleichliche Ambiance ins Wohnzimmer.

Kunst:

Bringen wir selbst wieder Kunst in unsere Produktion und erfreuen wir uns an der Kunst der andern.

Wir reisen heute in alte Städte, damit wir dort wenigstens noch einen Hauch von Kunst erhaschen können, weil unserer Häuser zu billigen, viereckigen Klötzen verkommen, keinen Kunstwert mehr ausstrahlen. Lassen wir zum Beispiel eine künstlerische Stukkatur unsere Hauswand zieren.

Lassen wir Live Konzerten und ihrer Ausstrahlungskraft wieder mehr Raum in unserem Alltag. Wertschätzen wir die Musiker mit unserem Austauschwert und ermöglichen uns selbst und anderen so, mehr Kunst zu tun und mit mehr Kunst und Fantasie unser Leben allseits zu bereichern.

Zwischenmenschliches lokales Austauschen

Wer von euch geht gerne in den Supermarkt, sucht sich in den fabrikartigen Gestellen, zwischen herumwuselnden unbekannten Menschen ein Lebensmittel, drängt sich dann an der Kasse vorbei mit einem knappen Grüezi, Danke und auf Wiedersehen an einer unerfüllten Familienfrau als Kassiererin vorbei, welche ihre Ferien für die Familie so verdienen muss. Indem wir beim Supermarkt einkaufen, ermöglichen wir dieser Frau nicht, in einem Quartierladen in einem erfüllenden, zwischenmenschlichen Austausch eine Arbeitsstelle anzunehmen. Seit einiger Zeit kann man auch online, nur noch elektronisch, sogar ohne Hallo und Adee, einfach ganz anonym seine täglichen Lebensmitteleinkäufe tätigen. Die Zeit reicht ja nicht, auf eine andere Art einzukaufen, glauben die einen.

Lassen wir uns und unserem Gegenüber wieder Raum und Zeit. Geniessen wir es, im Quartierladen einzukaufen, wo wir persönlich mit Herzlichkeit empfangen werden und unsere persönlichen Produktwünsche anbringen dürfen. Mit einem Lächeln auf den Lippen verlassen wir den Laden und schenken dieses Lächeln dem Nächsten weiter.

Flexibilität:

Viele Menschen halten am Bestehenden fest, weil sie glauben, somit ihre vermeintliche Freiheit im Raum der Sicherheit bewahren zu können. Sie halten ihre

Gefängnisstäbe mit aller Kraft fest und beschränken ihre Freiheit und Sicherheit in Tat und Wahrheit in hohem Masse, indem sie am Gewohnten festhalten und sich nicht flexibel für neue, ungeahnte Möglichkeiten und Dinge öffnen, die jetzt gewünscht sind oder die es für eine allseits gesunde Entwicklung braucht.

Es braucht auch bei Unternehmen eine Flexibilität, ein Loslassen können, wenn es genügend Produkte ihrer Art gibt; ein Loslassen beim Kampf um Marktanteile, wo es keine mehr geben sollte. Zum Beispiel darf es nicht sein, dass Bauunternehmer ganze Kulturflächen zupflastern, nur weil sie glauben, daran festhalten zu müssen. Sie könnten ihre Arbeit in Umbauten oder Sanierungen verlagern oder sich auch in Arbeiten anderer Branchen wagen, wo noch Bedarf ist. Sie sollen aber in ihrer Umstrukturierung von der Region getragen werden und Übergangshilfe erhalten. Menschen, gleich welcher Art, sollen unterstützt werden, wenn sie zum allgemeinen Wohl umsatteln.

Angestellten von Konzernen soll ermöglicht werden, ein erfülltes Leben zu finden, indem sie im Team ein eigenes Lokalgeschäft eröffnen können oder selber kreativ tätig sein und ein eigenes Produkt herstellen möchten.

Dies sind Beispiele für eine flexible Haltung.

Menschen, die sich neu orientieren möchten oder durch eine Marktübersättigung gezwungen sind, eine neue Tätigkeit zu finden, sollten in einer öffentlichen Ideenwerkstatt für neue Tätigkeitskreationen und Sinnfindung Coaching erhalten.

Zusammenfassung:

Ursachen und Folgen der Marktsättigung

Ausländische Serienprodukte überschwemmen und übersättigen unseren Schweizer Markt. Hoch loben wir die Übersättigung als Konsumenten, weil sich durch den wilden Unterbietungskampf bei den Unternehmern die Preise senken, als Antwort auf die vielen gleichen Produkte.

Die inländischen Unternehmen stehen vor einem Dilemma: Sie haben tiefere Einnahmen und andererseits höhere Löhne. Die logische Gegenmassnahme ist das Senken der Löhne oder ausländische Billiglohnarbeiter bevorzugt anzustellen.

Überangebote ruinieren die Gewinne. Haben die Unternehmer keine Gewinne, so sind sie unterwürfige, abhängige Kunden bei den Geldverleihern und brauchen Überbrückungskredite.

Durch Automatisierung können grosse Serien eines Produktes hergestellt werden, dadurch können nur noch beschränkt Anbieter in dieser Branche produzieren und Arbeiter werden wegoptimiert.

Die Wirtschaft muss ständig mindestens so schnell wachsen, wie der Schuldenberg. Sobald die Wirtschaft aufhört zu wachsen, gibt es überall Pleitewellen, obwohl nirgendwo eigentlich materieller Notstand herrscht. Im Gesamtsystem fehlt dann einfach nur das Geld für die Schuldrückzahlung mit Zinsen.

"Fair trade Swiss gleich fair trade world" heisst das neue Motto. Faire Balance in Preis und Lohn. Ein Volk braucht keinen Exportgewinn, um echten Wohlstand zu schaffen, Dies können die Menschen untereinander in ihrer Region viel besser und nachhaltiger tun.

Handwerk, Kunst und Kultur können nicht von Maschinen ersetzt werden, weil nur der Mensch selbst mit seiner ihm innewohnenden persönlichen Lebensenergie den individuellen Wert ausmacht.

7. Kooperation

Voraussetzung für Kooperation

Das Bewusstsein für Kooperation, der Wandel von Konkurrenz zu Kooperation muss bei jedem Menschen selbst beginnen. Das Auflösen von Zwängen und festgefahrenen, engen Denkweisen, schafft die nötige Flexibilität, die es braucht, um unvoreingenommen und mit offenem Herzen dem andern zu begegnen. Das Erlangen einer persönlichen seelischen Freiheit und des Selbstvertrauens, um mit einer konstruktiven Offenheit anderen Menschen und Lebewesen begegnen zu können, ist die Voraussetzung für Kooperation. Daraus wächst auch die Freude am Wohl des andern und die Bereitschaft für gegenseitige Unterstützung.

Diese Eigenschaften setzen die Fähigkeit voraus, selber für das eigene Wohl sorgen zu können. Dies setzt wiederum voraus, dass wir unter anderem ein Geldsystem haben, bei dem man durch Tätigkeit jederzeit erarbeiten kann, was man im Leben braucht und die erforderlichen Tauschwerte somit geschöpft werden können. Es setzt die allgemeine Sicherheit voraus, dass immer genügend Tauschmittel im Wirtschaftskreislauf vorhanden sind und dass man nicht den Launen der Geldspekulanten ausgesetzt ist. Wo diese Sicherheit da ist, weiss man, dass keiner durch ein virtuelles Geldnetz fallen kann, welches je nach Manipulation Risse bekommt und in seiner Unwirklichkeit zerfällt, sondern dass man von einem starken Netz von wirtschaftlichen kooperativen Verknüpfungen getragen wird.

Unternehmen können ihren eigenen begrenzten Raum für neue kooperative Sichtweisen öffnen, für neue ungeahnte

Entwicklungen, welche sie gemeinsam in eine erfolgreiche Kombination und Koordination aufschwingen lassen, von deren Qualität nicht nur die Unternehmen selbst, sondern auch die gesamte Umgebung profitieren kann.

Profit und *Profitieren* wollen wir an dieser Stelle in einer neuen Sichtweise definieren: Das Wort *Profit* stammt aus dem lateinischen „profektum", was *weiterkommen* oder *voran machen* bedeutet. Die lateinische Wurzel bedeutet also, *Fortschritt machen*. Und das würde heissen, dass eine Verbesserung erreicht wird. Eine Aktivität, die für die Beteiligten und für das ganze System etwas verbessert, ist demzufolge profitabel. Wirklichen Profit kann nur daran gemessen werden, wie sehr die Lebensqualität aller am System Beteiligten verbessert wird. Würden wir alle zum grössten Teil nur Aktivitäten verfolgen, die in diesem Sinne eine Verbesserung für die Umgebung bewirken, dann würde die Menschheit innert kürzester Zeit „profitabel". Dazu müssen wir zusammenarbeiten.

Man sollte also eine ehrliche Einschätzung der eigenen Aktivitäten machen, und dann bewusst jene fördern, welche die Lebensqualität um uns herum verbessern. Die heutige Konsumhaltung, die Haben wichtiger erscheinen lässt, als Sein und Tun; in der etwas zu verkaufen und zu besitzen wichtiger ist, als das Potential der Menschen zu entfalten, bedarf eines Gesinnungswechsels.

Nationale Kooperation

Mehr Kooperation aller im System Beteiligter ist gefordert. Kooperation zwischen Bund, Kantonen, Gemeinden und ihren Unternehmern, sowie ihren Angestellten und Kunden.

Ein regelmässiges Zeitfenster kann der Kooperation gewidmet werden.

Diverse Fragestellungen können den Weg für die Verbesserung der Zusammenarbeit aufzeigen:

- Für Bauern in der Region:
  Welcher Ernährungsbedarf besteht in unserer Region? Welche Nahrungsmittel sind in welchem Masse erwünscht? Wo ist es von Lage und Bodenbeschaffenheit her sinnvoll, bestimmte Nahrungsmittel in der Region anzupflanzen oder aus einer anderen Region zu beziehen? Wie können wir uns alle gegenseitig in der 100% biologischen Anbauweise unterstützen und austauschen?

- Für Unternehmen gleicher Branche:
  Wie hoch ist der Bedarf unserer Produkte in der Region, wie gesamtscheizerisch? Braucht es da einen regionalen Ausgleich? Wie können wir von Innovationen gegenseitig profitieren? Wie können wir Ideen und Erfindungen für Qualitätsverbesserung allen Unternehmen zugänglich machen, zum Beispiel mit einer zeitlich begrenzten Vergütungsabsprache? Könnte sich bei gegenseitigem Austausch von Erfindungen diese Vergütung aufheben? Wie können wir noch besser zum Wohle der Kunden und der Umwelt produzieren? Wie können wir uns da gegenseitig unterstützen? Wäre ein gemeinsames Hauptlager für bestimmte Artikel sinnvoll, oder die gemeinsame Organisation bestimmter Produktionsprozesse? Wollen wir in einem bestimmten variablen Rahmen eine Preisabsprache, um uns nicht im Preis zu konkurrenzieren? Wie sehen wir die Zukunftsperspektiven für unsere Unternehmungen?

- <u>Branchenübergreifend</u>:
  Welche Verbesserungen sind von anderen Branchen gewünscht? Bei welchen Branchen besteht die Tendenz für ein Überangebot? Wie können wir gemeinsam mithelfen, einen Ausgleich unter den Branchen zu schaffen?

  Können wir geeignete effiziente Umschulungskurse für Branchenwechsel von Personal anbieten?

Es gibt sehr viele Menschen, die nicht nur in einem Beruf tätig sein möchten. Nebst der Arbeit am PC würden sie gerne zum Beispiel auch handwerklich an der frischen Luft tätig sein. Es ist daher sinnvoll, auch Duo-Lehrgänge anzubieten, damit 2 Berufe gleichzeitig erlernt werden können, in geeigneter Abwechslung von Ausbildungs-Modulen und Praktikas.

Es ist sinnvoll, Ko-Gespräche mit allen Beteiligten im eigenen Wirtschaftsraum zu führen, wie Vertretern von Bund, Kantonen, Gemeinden, Kunden, Herstellern und Lieferanten, sowie Ökologen als Vertreter der Natur.

Damit eine gute Kooperation untereinander stattfinden kann, ist ein optimaler gegenseitiger und transparenter Informationsfluss unumgänglich.

Kooperation statt Konkurrenz und Einzelkampf schafft Entspannung und ein gegenseitiges „Getragen sein" - sowohl bei Firmenleitungen, als auch bei Angestellten. Es entsteht Zeit für Qualitätsarbeit, die kunstvoll, mit Hingabe und Freude getan werden kann. Die Kunden bekommen qualitativ hochwertige Produkte.

Die Unternehmen können so ihre eigenen Stärken noch besser zum Tragen bringen und profitieren von Synergien mit anderen Beteiligten, durch den Austausch individueller Werte und Ideen für die gegenseitige Befruchtung.

Durch die Weitergabe von Erfindungen entsteht eine Synergie von unglaublich hohem Verbesserungspotential zum Nutzen Aller. Beruhend auf dem Geist der Kooperation, können alle auf den Erfindungen der andern aufbauen. Das zieht eine markante und dringend erforderliche Änderung des Patentwesens nach sich. Vergütungen sollen bei dieser Freigabe geregelt sein. Kreative Erfinder, welche ihre Ideen dem Gemeinwohl zur Verfügung stellen, sollen nebst einer Vergütung auch öffentlich eine gebührende Anerkennung erhalten.

Der freie Wettbewerb bleibt so erhalten, aber mit umgekehrten Vorzeichen: Wie kann ich speziell durch meinen individuellen persönlichen Beitrag möglichst viel Nutzen zum Wohle Aller erreichen? - Das soll die neue Herausforderung im Wettbewerb des neuen Wirtschaftsspiels sein.

Internationale Kooperation

Es gilt, eine Kooperation aufzubauen, so dass alle Nationen ihre Individualität leben können, die Bevölkerung sich im Heimatland getragen fühlt und nicht aus ihrem Land fliehen muss, weil es menschenunwürdig wird, da zu leben.

Die Einzigartigkeit jeder Kultur und jedes wirtschaftlichen Tuns soll in einer Vereinigung zwischen den Ländern bewahrt werden.

So wie wir mit unseren schweizerischen Partnern in einen kooperativen Austausch kommen, können wir es auch mit andern Ländern tun. Unterstützen wir uns gegenseitig mit unseren individuellen Stärken zur gegenseitigen

Bereicherung kultureller Werte. Das bedeutet, dass jedes Land seine Rolle und seinen Platz im Weltgeschehen neu überdenken muss. Innovationen für Verbesserungen der Lebensqualität können um die ganze Welt reisen und einen allseits gedeihenden Weltenbaum wachsen lassen. Sie sind wie Bienen, die mit Pollen der einen Pflanzen die Blüten der andern Pflanzen befruchten.

Kooperation mit der Natur

Wir müssen einen wirtschaftlichen Entwicklungsrahmen finden, der im Einklang sowohl mit menschlichen Interessen, als auch mit der Natur ist. Eine Hinführung zu einer humanistisch- ökologischen Lebenskultur.

Lassen wir es nicht zu, dass unsere Landwirtschaft vermehrt industrialisiert wird, bei der in Monokulturen und Tierfabriken eine natürliche Vielfalt und die Gesundheit mit Chemie und Gentechnologie erstickt wird. Eine ökologische Gesinnung beinhaltet Achtung und Liebe für jedes lebendige Wesen.

Bevorzugen und wertschätzen wir die Bauern, bei denen Pflanzen und Tiere atmen können und deren Lebensmittel uns gesunde Vitalität und Mineralstoffe liefern.

Wählen wir auch bei allen andern Produkten die naturfreundliche Alternative und unterstützen und fordern wir jede Aktion und Kooperation in die Richtung der Lebenswerte.

8. Umgang mit Rohstoffen

Umgang mit Rohstoffen

Die Produktion sollte stets nachhaltig in Form eines Kreislaufsystems erfolgen, in welchem Abfälle möglichst zu 100% wiederverwertet oder in unschädlicher Form der Natur zugeführt werden.

Die limitierten Rohstoffe der Erde gehören der Allgemeinheit. Somit borgt sie jeder, der damit arbeitet oder sie nutzt für eine bestimmte Zeit. Das bedeutet, der Besitzanspruch gilt so lange, wie ein Produkt, respektive dessen Rohstoff genutzt wird. Wenn ein Produkt nicht mehr verwendet wird, geht es zurück an den Zwischenhandel oder zum Hersteller, wo es entweder als Gebrauchtware weitergegeben oder recycliert werden muss.

Die zweckgemässe Rückgabe soll belohnt werden. Reparaturen sollen wieder vermehrt ihren Platz haben. Wenn sich für Unternehmer kein üblicher Reingewinn erwirtschaften lässt, es aber aus ökologischer Hinsicht sinnvoll ist, soll durch die örtlichen Verbuchungszentralen analog zu Reparaturarbeiten, die ausgeführt wurden, ein jährlicher Ökobonus gutgeschrieben werden, bis der Reparaturablauf finanziell selbst tragbar wird.

Wir benötigen eine staatliche Förderung von Wiederverwertungsanlagen - vor allem für Kunststoffe - und eine Förderung für Produkte aus nachwachsenden Rohstoffen. Da sich die Wiederverwertung von Kunststoffen mit den heutigen Technologien und Energieformen nicht lohnt, sollen unbedingt neue, freie und saubere Energieformen und Technologien entwickelt und unterstützt werden, welche eine unerschöpfliche

Energiequelle und eine saubere Verarbeitung bieten. Wir setzen den Fokus auf Magnetantriebe und Raumenergieforschung.

Es ist nicht sinnvoll, möglichst viele Güter zu produzieren. Es soll für den allgemeinen Bedarf inklusive Reserve produziert werden, nicht darüber hinaus.Vermehrte Nutzung von nachwachsenden Rohstoffen und deren Verarbeitung müssen bevorzugt werden, weil diese nicht so stark begrenzt sind.

Verbraucht man Ressourcen, um Profit zu erzielen, so ist das für das ganze System keineswegs ein wirklicher Profit, es sei denn, man würde gleichzeitig mehr von dem, was man verbraucht hat, wieder neu erschaffen.

Wir können unsere wirtschaftlichen Aktivitäten vermehrt in Dienstleistungen künstlerischer, kultureller, Natur pflegender, philosophischer und Lebens verbessernder Art verlagern, welche nur geringe materielle Rohstoffe verbrauchen, aber eine Vervielfachung an Lebensstoffen erzeugen.

Wert von Rohstoffen

Viele Rohstoffe werden zu Preisen verkauft, die ihrem Wert schlichtweg nicht gerecht werden. Dies kommt daher, dass man sie findet und verkauft, ohne sich bewusst zu sein, welchen Wert sie wirklich haben. Dabei müsste man sich nur überlegen, welchen Aufwand man benötigt, um sie wieder zu beschaffen, in Form einer Produktion oder durch natürliches Pflegen und wachsen lassen. Weitere Aspekte sind Kosten für Entsorgung und Recycling. Rechnet man all dies mit ein, werden einige Rohstoffe viel teurer bewertet, als dies heute der Fall ist.

9. Lebensqualität, Wohlstand und Wohlsein für jeden Lebensbereich

Die Lebensbereiche

- Das Individuum, seine persönlichen Werte, seine Ideen und sein Gedankengut
- Die Familie als tragender Grundpfeiler der Gesellschaft und Partnerschaft
- Gemeinschaften (Berufsteams, Vereine, Nationen u.a.)
- Die Menschheit, das Zusammenwirken zwischen den Nationen und deren ethische Werte
- Die Pflanzen und Tierwelt
- Der Planet, seine Ressourcen und sein Ökosystem

Die Zukunft unserer Erde mit der Pflanzen- und Tierwelt und der Menschheit sind untrennbar miteinander verwoben.

Das Zusammenwirken der Lebensbereiche ermöglicht ein gutes Leben für Alle. Handlungen sollten so ausgerichtet sein, dass sie in möglichst vielen Bereichen von Nutzen sind. Jeder Lebensbereich und jedes Lebewesen sollte wahrgenommen, geachtet und geschützt werden.

Wenn wir also von Wohlstand sprechen, dann handelt es sich immer um ein vielfaches Wohl als natürliche Ökonomie des Lebens. Wenn ein Lebensbereich vernachlässigt wird, gerät der wirkliche Wohlstand aus dem Gleichgewicht. Wird das Wohl des Individuums mit seinen persönlichen Werten nicht berücksichtigt, so fehlt dem Einzelnen die Motivation, sich für die Gemeinschaft zu engagieren und sie zerfällt im selben Masse. Wenn das Wohl der Pflanzen und Tiere und des gesamten Ökosystems geringe Beachtung findet, so ist unser aller Lebensgrundlage gefährdet.

So wie die Natur, sind auch wir Menschen fähig, eine Lebensfülle zu schaffen. In diesem Sinne soll das Motiv des Wirtschaftens nicht mehr die Selbstbereicherung und der Konsum sein, sondern die Freude und Erfüllung in der sinnvollen Produktivität und im kreativen und konstruktiven Austausch mit andern.

Tiefgreifende Veränderungen auf vielen Dimensionen stehen in unserer Welt an: persönliche, ökologische, kulturelle, gesellschaftliche und wirtschaftliche. Um uns diesen Herausforderungen zu stellen, sollten wir uns versammeln, um mit mehr Vielfalt und Klarheit gemeinsam zu erkunden, wie wir uns für eine Welt mit Lebensqualität, Wohlstand und Wohlsein engagieren möchten.

Setzen wir unserer Fantasie keine Grenzen. Um eine positive erwünschte Zukunft zu erschaffen, sollten wir uns zuerst erlauben, sie frei in Gedanken auszumalen, damit wir wissen, wohin wir eigentlich gehen wollen. Wir können diese gedanklichen Ziele so hoch stecken, wie wir uns träumen, wir sollten danach einfach bereit sein, sie in machbaren Schritten anzugehen.

Die Bevölkerung jeder Gemeinde, inklusive Kinder und Jugendliche, kann in nach Gruppen gegliederten Zusammenkünften hinterfragen und anschliessend definieren, was für sie Lebenswert bedeutet und wie mehr Freude und allseitiges Gedeihen in ihrer Gemeinde erreicht werden kann, auch im Hinblick auf die oben aufgeführten Lebensbereiche.

In einem zweiten Schritt kann dann besprochen werden,

welche Etappenziele es braucht, um diese Lebenswerte umzusetzen. Statt dass an den jetzigen Zuständen herumgebastelt wird, ist es als erstes sinnvoller, sich genau vorzustellen, was schliesslich erwünscht ist, und sich gemäss diesen Wunschzielen auszurichten.

Alle Menschen sollen in der Schweiz aufgerufen werden, sich aktiv zu beteiligen, um gewünschte Lebensqualitäten bewusst zu machen und sich darüber auszutauschen und diese Lebensqualitäten in Vernetzung mit andern umzusetzen.

Es gilt:

- Dass Probleme an den wahren Ursachen angegangen werden, nicht nur Symptome gelöst werden.

- Das bestehende System zum Nutzen für alle Lebewesen in allen Bereichen wo erforderlich zu korrigieren und zu verbessern.

- Experten und Organisationen in allen Bereichen miteinander zu verbinden, um so noch effizienter grundlegende Lösungen zu erarbeiten.

- Den Menschen neue lebensförderliche Technologien in allen Bereichen bewusst zu machen.

- Ein öffentliches Informationsmedium, um wahrheitsgetreue Informationen zu verbreiten und aufbauende und lebensfördernde Werte zu vermitteln. Jeder Schweizer soll damit das Recht und die Möglichkeit haben, allgemein wichtige Informationen unentgeltlich zu verbreiten.

Erst wenn der Mensch seine Verbundenheit mit allem Lebendigen anerkennt und bestätigt, besitzt er wahres Menschtum.

Albert Schweizer

10. Grundversorgung

Folgende allgemein genutzten Systeme müssen die Grundversorgung für die Schweizer Bevölkerung sicherstellen. Für diese Systeme sind keine privaten Monopole erlaubt. Es sollen öffentlich-rechtliche Infrastrukturen sein und im Interesse der Bevölkerung funktionieren. Das Volk soll durch eigens gewählte Vertreter in all diesen Bereichen demokratisch Einfluss ausüben können. Das soll nun nicht bedeuten, dass alles in jedem Bereich gleichgeschaltet wird. Da wir dort, wo es sinnvoll ist, eine bereichernde Vielfalt und Individualität unbedingt fördern möchten, kann vieles, auch wenn es öffentlich ist, individuell ausgestaltet werden. Zum Beispiel im Bildungsbereich, Gesundheitsbereich oder im Landwirtschaftsbereich.

Privatisierungen sind für individuelle Nebenangebote erlaubt. Für den einen oder anderen Bereich bräuchte es dazu Spezialregelungen.

Grundversorgende Systeme:

- Geldsystem
- Ernährung / Landwirtschaft
- Kommunikationssystem
- Verkehrssystem
- Energie- und Wasserversorgungsnetz
- Bildungs- Gesundheits- und Sozialsystem

Durch das öffentliche Geldsystem, wie bereits beschrieben, werden Vergütungen für alle grundversorgenden Arbeiten direkt von den öffentlichen Verbuchungszentralen gutgeschrieben.

Bei den Bauern besteht eine Spezialregelung:

Auch die Bauern sind der Grundversorgung verpflichtet. Sie können ihr Stück Land selber individuell bewirtschaften. Da aber Land, Luft und Wasser eigentlich Allgemeingut sind, tragen auch sie Verantwortung für ihre Bewirtschaftung. Alle, die in einem Bereich schädliche Stoffe verwenden, beeinträchtigen die Gesundheit von Lebewesen und des Ökosystems. Deshalb ist es Bedingung für jeden Bauern, 100% lebensfreundlich zu wirtschaften, in einer natürlichen Vielfalt ohne Monokultur, ohne Pestizide und gentechnisch veränderte Lebensmittel, ohne gesundheitlich und ökologisch schädliche Materialien oder Herstellungsverfahren. Ziel ist das Bio- und Ökoland Schweiz.

Für ihren Dienst am Allgemeinwohl erhalten sie monatlich einen Bonus, entsprechend ihrer bewirtschafteten Landgrösse, verkaufen ihre Produkte aber selber. Es sollen öffentliche Markthallen in jedem Ort oder jedem Quartier zur freien unentgeltlichen Benutzung für die einheimischen Bauern und die Bevölkerung zur Verfügung gestellt werden. Die Supermärkte dürfen nur solche Lebensmittel verkaufen, welche nicht durch einheimische Bauern angeboten werden.

Wir sollten eine Organisationsform definieren, in der jede Errungenschaft für den Fortschritt der gesamten Bevölkerung und der anderen Lebensbereiche eingesetzt werden kann. Solche Errungenschaften, welche der Allgemeinheit dienen, können durch eine entsprechende

Vergütung durch die öffentliche Verbuchungszentrale gutgeschrieben und somit wertschätzend anerkannt werden. Wir werden so feststellen, dass immer mehr erfinderische und fleissige Einzelpersonen oder Gruppen für viele bestehende Probleme effektive Lösungen präsentieren.

Zeigen wir der Welt die schweizerische Gesellschaft als Vorbild mit edlem Charakter. Machen wir uns unseren Wohlstand wirklich verdient und zeigen wir, wie er ethisch zu erreichen ist, auch für alle andern Völker. Und zwar nicht auf Ausbeutung und Kosten Anderer basierend, sondern durch ökologische Eigenproduktion und Zusammenarbeit mit Rücksicht auf alle Lebensbereiche.

11. Rechte und Verantwortungen

Die folgenden Grundrechte und Verantwortungen sehen wir als Basis des gesund funktionierenden Wirtschaftens und Lebens.

- Jeder Mensch hat das Recht auf Freiheit und Selbstbestimmung. Dieses Recht ist mit der Verantwortung verbunden, andere dabei nicht zu schädigen.
- Jedes Lebewesen hat das Recht auf seelische und körperliche Gesundheit.
- Jeder Mensch hat das Recht auf freie Wahl, wofür er seine Energien einsetzen möchte.
- Jeder Mensch ist aufgerufen, Eigenverantwortung zu übernehmen und Mitverantwortung in sein Handeln einzuschliessen, um positive Auswirkungen für die andern Lebewesen zu verursachen.
- Jeder Mensch, auch Kinder und alte Menschen, haben das Recht, einen sinnvollen Beitrag in der Gesellschaft leisten zu dürfen.
- Jeder Mensch hat das Recht auf unentgeltlichen Lebensraum.
- Jedes Lebewesen hat das Recht auf einen ausgeglichenen, fairen Austausch.
- Jeder Mensch hat die Verantwortung, Ungerechtigkeiten nicht zu dulden, dafür Verantwortung und Wiedergutmachung zu fordern und dazu beizutragen, Gerechtigkeit wieder herzustellen.

Dauerhaftes Recht auf sinnvolle Tätigkeit

Jeder Mensch hat das Recht eine sinnvolle Tätigkeit ausüben zu dürfen. Das bedeutet, dass die Gesellschaft als Kollektiv dieses Recht ermöglicht, unterstützt und gewährt.

Jeder sollte das Recht auf kreative Tätigkeit haben. Stumpfsinnige Arbeiten, wie z.B Fliessbandarbeit, sollte auf mehr Menschen aufgeteilt werden. Die Tätigkeit sollte so gestaltet sein, dass sie den Wert des Lebens nicht in Frage stellt. Es wäre wünschenswert, wenn jeder Mensch als Erstes jederzeit eine Arbeitsmöglichkeit erhält und und als Zweites, dass ihm die Möglichkeit zur Optimierung gewährt wird, damit er seine Tätigkeit so gestalten kann, dass sie seinen Idealvorstellungen möglichst nahe kommt.

Freiarbeitspools

Damit eine sinnvolle Tätigkeit jederzeit gewährt werden kann, vor allem dann, wenn eine Überbrückung oder Umorientierung ansteht, können Freiarbeitspools angeboten werden.

In Freiarbeitspools werden Arbeiten angeboten, die in einem allgemeinen, öffentlichen und berufsunabhängigen Dienst ausgeführt werden können. Wenn jemand seine geeignete Stelle noch nicht gefunden hat, wenn man gerade keine feste Arbeit möchte oder sein Studientaschengeld aufbessern möchte, oder wenn in einer Branche ein Nachfrage-Engpass besteht usw., können verfügbare Arbeiten in diesem Bereich frei gewählt werden. Auch private Firmen können solche Freiarbeiten anbieten.

Das können Arbeiten sein, welche vorwiegend der Allgemeinheit dienen.

Beispiele:

- Ernährung / Landwirtschaft: Allgemein bei den Bauern mithelfen, auf dem Feld und auf dem Markt, Scheunen ausbauen.
- Landschaft und Gemeinde: Wanderwege ausbessern, Bäche reinigen, Gemeindeflächen natürlich, ästhetisch und künstlerisch ausgestalten, Gemeinschaftsgärten betreuen.
- Kultur: Dorffeste kulturell vielfältig vorbereiten, Ausflüge organisieren, Durchführen von Spielanlässen, Sportturnieren und Kunsthandwerksmeetings, Mithilfe bei Konzerten, Gruppengespräche mit der Bevölkerung für Gemeindeanliegen führen usw.
- Geldbereich: Notengelddesign nach Jahreszeiten gestalten.
- Bildungsbereich: Bei der Kinderbetreuung im Quartier mithelfen, Lernende bei der Ausbildung unterstützen, assistieren, eigene Angebote temporär anbieten, Mitkochen beim Mittagstisch, usw.
- Gesundheits- und Sozialbereich: Aushilfe bei Pflegebedürftigen, Begleitung bei Spaziergängen, Gespräche führen, einfach für jemanden da sein und Zeit haben.

Die Arbeiten können gemäss persönlichen Neigungen und Fähigkeiten ausgewählt werden.

Diese Arbeiten im Rahmen der öffentlichen Freiarbeitspools werden von den örtlichen Verbuchungszentralen wertschätzend direkt vergütet.

In örtlichen und regionalen Plattformen muss immer eine

aktuelle Übersicht der offenen Arbeiten verfügbar sein, auch müssen Anregungen und Ideen dafür eingebracht werden können.

Entgelte

Entgelt für Kinderbetreuung

Mit grossen staunenden Augen, dem starken Willen mitzutun und dem Wunsch, sich zu entfalten, kommen unsere Kinder zu uns. Sie brauchen für ihre Entfaltung und Entwicklung Mutter und Vater und uns alle als mittragende Gesellschaft. Es ist eine sehr anspruchsvolle Aufgabe, ein Kind individuell wahrzunehmen, ihm bei seiner kühnen Erforschung der Welt zur Seite zu stehen und zur richtigen Zeit die Umgebung für seine eigenständigen Lernschritte entsprechend vorzubereiten, sowie in unendlicher Geduld all seine Fragen zu beantworten, seinen Wissensdurst zu stillen und vorzuzeigen, wie all die Dinge hier funktionieren, als auch ihm geeignete Nahrung und Pflege in jeder Hinsicht zur Verfügung zu stellen und mit Mitgefühl und Liebe für das Kind da zu sein.

Solange wir mit einem Geldsystem arbeiten, soll auch diese Tätigkeit vollumfänglich entlohnt werden. Die Kinderbetreuung ist eine Aufgabe, die es verdient, wertschätzend vergütet zu werden.

Von den örtlichen Verbuchungszentralen wird für die Begleitung eines Kindes monatlich ein Lohn ausbezahlt, welcher einer Mutter oder einem Vater erlaubt, sich vollumfänglich dem Kind und seinen allseitigen Bedürfnissen zu widmen. Wird ein Kind trotz Entlohnung offensichtlich vernachlässigt, sollen die Eltern eine Ethikschulung und ein Coaching besuchen, die sie dann auch selbst bezahlen müssen.

Vorschlag für Tarife:

Die Entgelte sind nach Alter des Kindes abgestuft:

- 0...3 Jahre - ein voller durchschnittlicher Monatslohn
- 4...6 Jahre - drei viertel Monatslohn, der Betreuungsaufwand reduziert sich durch den Aufenthalt im Kindergarten
- 7...12 Jahre - ein halber Monatslohn, da man aufgrund der Selbständigkeit und der öffentlichen Ausbildung des Kindes wieder die Zeit und Möglichkeit hat, einer eigenen Teilzeit-Tätigkeit nachzugehen.
- 12...16 - Jahre, ein viertel Monatslohn

Unabhängig von der Anzahl an Kindern erhält man nie mehr, als den entsprechenden Betrag für das jüngere Kind plus eine angemessene Ergänzungsleistung.

Entgelt und Austausch bei Pensionierung

Das Leben geht auch mit 65 Jahren weiter. Das Bedürfnis, weiterhin eine Aufgabe in der Gesellschaft wahrzunehmen und seine Talente zu entfalten, bleibt bis ans Lebensende bestehen. Mit 65 kann die Kür des Lebens beginnen. Mit gewonnener Lebensweisheit und vielen wertvollen Erfahrungen, auch im Beruf, gebührt diesen Menschen ein spezieller Platz in unserer Gesellschaft. Wo es von ihnen gewünscht wird, soll ihnen weiterhin gestattet sein, einen Platz im Beruf zu haben.

Alle Pensionierten haben somit ein Anrecht auf ein Existenzminimum und ein Recht, freiwillig zu mindestens

40% einer sinnvollen Tätigkeit nachzugehen, solange sie geistig und körperlich dazu in der Lage sind - wenn nicht in der Privatwirtschaft, dann im Rahmen der Öffentlichkeit.

Eine gesunde Moral und ein seelisches Gleichgewicht hängen von der Produktivität eines Menschen ab.

In einem gut funktionierendem Wirtschaftssystem werden die meisten Menschen und Unternehmen über Reserven verfügen. Damit können genügend Ruhestandsgelder aller Menschen im Voraus selbsttätig aus ihrer Arbeit finanziert werden.

Jeder Altersvorsorge-Beitrag kommt auf ein persönliches Konto und steht demjenigen später in der Pension vollständig zur Verfügung. Es gibt keine Spekulationen mehr mit persönlichen Altersvorsorge-Geldern.

Wir wünschen allen pensionierten Menschen ein weiterhin erfüllendes Leben und eine Achtung vor ihrer Lebenskompetenz.

Abgaben für staatliche und kommunale Aufwendungen

Alle Arbeiten, welche im öffentlichen Dienst für die Allgemeinheit ausgeübt werden, erhalten ihre Vergütung von den staatlichen und kommunalen Verbuchungszentralen. Für diese Arbeiten braucht die Bevölkerung keine Abgaben in Form von Steuern zu bezahlen. Abgaben werden für die Infrastruktur und die Rohstoffe nötig sein, welche nicht durch die Arbeitsleistungen im eigenen Land erzeugt werden. Diese Gemeinschafts-Abgaben werden sehr minim sein und einen Bruchteil der jetzigen Steuern ausmachen. Sie sind für jede erwachsene Person gleich, da jeder die eine oder andere öffentliche Infrastruktur in Anspruch nimmt. Dieser Betrag kann halbjährlich vom Konto direkt eingezogen werden, ohne irgendwelchen sonstigen zusätzlichen Verwaltungsaufwand.

Die Steuerämter und die Einkommenssteuern werden somit aufgehoben.

Verwaltung

Wir wollen keine Verwaltung, die sich möglichst umfangreich mit unzähligen Formularen präsentiert, übermässige Kontrollfunktionen ausübt, und eigenmächtig unsinnige, komplexe Vorschriften und Gebühren erlässt, welche dem Volk nicht dienlich sind, sondern es fremdbestimmen und eine gesunde Wirtschaftlichkeit einschränken. Wir wollen keine Verwaltung, die sich vom Volk bezahlen lässt, damit sie ihren Selbstzweck aufrecht erhalten kann. Auch werden all die Menschen, welche in diesen aufgeblasenen Verwaltungsrädern eingebunden sind, auf diese Weise wohl kaum ihrer persönlichen Entfaltung näherkommen. Auch die zunehmende Bürokratisierung und Qualitätssicherung, welche in vielen Fällen besser Qualitätshemmung heissen müsste, lässt zu wünschen übrig, weil sie prioritär zu viel Administration, Geld und Zertifikate fordert, als dass sie menschliche Werte fördert. In öffentlichen Systemen, wie zum Beispiel dem Bildungs-, Sozial- und Gesundheitsbereich, investieren die Menschen zunehmend mehr Zeit in rein administrative Sitzungen und in eine Flut von Papieren, welche sie durch hohe administrative Auflagen zu bearbeiten haben. Zu viel wertvolle Zeit geht dort verloren und fehlt in der direkten Zuwendung für die Menschen, um die es eigentlich geht.

Wir wünschen ethische, logische und schlanke staatliche und kommunale Verwaltungen, welche dazu dienen, eine gesunde Wirtschaftlichkeit und die Bevölkerung effizient zu unterstützen und ihr zu dienen. Wir wünschen eine Verwaltung, welche Gesundheit, Fleiss, Kreativität und Motivation fördert und nicht dadurch erschaffene Volksgelder in Förderung von Krankheit und Demotivation ablenkt.

Menschen, welche in der neuen ethischen Verwaltung mitarbeiten, sollen im Bewusstsein, einen wertvollen Beitrag für die Gemeinschaft zu tun, ihre Erfüllung finden können.

12. Perspektiven für eine Welt ohne Geld

Haben sie als Kind auch vom Schlaraffenland geträumt?........... Wo die Menschen überall auf der Welt friedlich zusammenleben. Wo leckere Lebensmittel im Überfluss aus den Bäumen spriessen. Wo man tun und lassen kann, wie es einem beliebt. Und wo man haben kann, was man möchte, weil genug für alle da ist?

Was hält uns davon ab, in paradiesischen Zuständen zu leben? Sind es die andern, welche das auf keinen Fall zulassen würden, oder ist es das heutige Geldsystem, welches das Geld ungerecht verteilen lässt? Oder liegt es in unseren Händen?

Wir möchten solchen Träumen mit Ihnen gemeinsam wieder Leben einhauchen und den Mut haben, diese Wirklichkeit werden zu lassen.

Stellen sie sich einmal vor: Sie wachen am Morgen auf, ein Sonnenstrahl leuchtet auf ihr Gesicht. Ein erfreulicher Tag liegt vor ihnen und wartet darauf, von ihnen gestaltet zu werden. Gut ausgeschlafen und ausgeruht fahren sie nach einem erfrischenden Morgenessen mit dem Fahrrad zum Gemeinschaftsgarten, bei dem sie sich heute für das Pflegen der Erdbeeren eingeschrieben haben. Danach fahren sie weiter an einer blühenden Wiese vorbei zu ihrem Berufungsort, bewusst nicht Arbeitsort, weil sie dort ihrer Berufung nachgehen. Ihre Berufung ist, Technologie zu verbessern. Dafür haben sie den Bereich Elektrotechnik gewählt, wo sie als Entwickler tätig sind. In einem Team tüfteln sie an Verbesserungen elektronischer Geräte. Gestern war ein japanisches Team zu Besuch, um ihre neuesten Entwicklungen in der Computertechnik zu präsentieren. Auf diesem neuen Stand entwickeln sie nun im Schweizer Team weiter. Das Ziel ist, dass die Geräte innert Sekunden betriebsbereit sind, auf dem Stand des Zeitpunktes, als man sie am Vortag ausgeschaltet hat. Sie sollen auch nach 10 Jahren noch funktionieren, Ersatzteile sollen auch nach 15 Jahren noch erhältlich sein und sie sollen problemlos auf neueste Technikstandards aufgerüstet oder erweitert werden können. Sobald sie mit Ihrem Team dafür wieder eine markante Entwicklung erreicht haben, werden sie dies wiederum den Teams anderer Länder vorstellen. Ein internationaler Austausch beflügelt die gesamte Welt und lässt Alle an immensen technischen Verbesserungen teilhaben, die das Leben sehr angenehm bereichern.

Da der Tag so sonnig ist, und die Luft mild, gehen sie am Nachmittag mit ihren Berufungskollegen auf einen Spaziergang im Park. Ein antikes Wrack eines Grosskonzerns, aus der Zeit des gewinnorientierten Geldsystems musste diesem Park weichen, nachdem dies bei der Gemeindeversammlung mit dem Fokus auf mehr Lebensqualität beschlossen worden war. Sie bummeln an schnatternden Enten im Teich und an blütenduftenden Mandelbäumen vorbei.

Nachdem sich herausgestellt hat, dass die Klimaerwärmung auf dem Planeten vor allem aufgrund der erhöhten Sonnenaktivitäten stattfindet, hat man sich damit arrangiert und geniesst nun in der Schweiz inländische Mandeln.

Am Abend besuchen sie eines der Konzerte im Kultursaal der Gemeinde, welche häufig in verschiedenen Stilrichtungen organisiert werden, so dass jeder Geschmack berücksichtigt wird. Da die Luft im März bereits sehr mild ist, wird das Dach des Konzertsaals geöffnet, damit man die Sterne oder eine begleitende Lasershow sehen kann. Ein Abendessen mit Freunden im gemütlichen Freiluftbeizli rundet den Abend ab.

Jeder auf der Welt hat die Möglichkeit, solch wunderbare Tage zu gestalten. Geld braucht es keines dazu. Denn jeder wählt seine Berufung und geht ihr leidenschaftlich nach. Da wir alle individuelle, also unterschiedliche Berufungen wählen, gibt es für alle wesentlichen Bereiche Menschen, die sich da engagieren. Für andere Arbeiten, welche sonst noch im Alltag und für die Gemeinschaft getan werden müssen, schreibt man sich in einem Turnus ein. Rund um die Welt wird so organisiert und kooperiert, damit die Grundversorgung und mehr für alle gewährleistet wird. Für ganz spezielle Luxusgüter, kann man mit herausragenden Leistungen Punkte sammeln, wie z.B viel Verantwortung tragen, unbeliebte Arbeiten erledigen oder als Künstler das Publikum durch Kunstwerke in Verzücken versetzen.

Stellen sie sich vor: Sie spielen Violine in einem Sinfonieorchester. Am Morgen haben sie sich für die Mithilfe bei der Reinigung des Kultursaales eingeschrieben. Für den Boden brauchen sie nur den Roboter anzuschalten. Die Stühle wischen sie noch von Hand. Sie spielen sich am Nachmittag ein und begeben sich danach bequem zur Startbahn des Fluggerätes, welches dem Orchester zur Verfügung steht. Es funktioniert nach neuester Technik, die durch gemeinsame internationale Entwicklung hervorgebracht wurde. In Höchstgeschwindigkeit fliegt das Gerät leise los, verlässt die Atmosphäre mit konstanter Beschleunigung, bremst ebenso konstant wieder ab, um auf der anderen Seite der Erde wieder in die Atmosphäre einzutreten und erreicht in weniger als einer Stunde das Opernhaus in Sidney, wo Sie heute Abend spielen.

Unterdrückerische Wesen haben in dieser Zeit erkannt, dass sie im Zwang, andere unten halten zu müssen, sich selbst ebenfalls im gleichen Masse unterdrücken und ihr wirklich freies Potential somit ebenfalls nicht entfalten können.

Nachdem die allgemeine Unterdrückung der freien, sauberen Energieformen und des ausgleichenden Geldflusses in der Welt aufgedeckt und transformiert wurde, begann durch die Entfesselung des schöpferischen Potentials in Windeseile eine rasante Entwicklung für freie Energieformen - wie wenn bei einem unter Hochdruck stehenden Gefäss der Deckel gelüftet wird - Antigravtitationsantriebe und Raumenergienutzung liessen nicht lange auf sich warten. Die Luft wurde sauber und die Energie war für alle im Überfluss nutzbar. Fortbewegungsmittel schweben in schimmernden Bahnen 5 Meter über dem Boden und verbinden die Menschen in der Welt auf höchst angenehme Weise.

Modulare Häuser erlauben es uns, mitsamt dem Zimmer vollautomatisch in die Ferien zu fliegen. Abends in der Schweiz zu Bett gegangen, erwachen wir morgens in Marseille.

Stellen sie sich vor: Sie sind Manager und leiten eine grössere Firma. Gut ausgeschlafen setzen sie sich mit der Familie zum Morgenessen gemütlich an den Tisch.

Mit Bangen erinnern sie sich an die Zeit, als noch das Streben nach Gewinn, Konkurrenzdruck und Hektik das Berufsleben dominierten. Kaum hatten sie sich von einem Burnout erholt, ging der Stress und Druck wieder von vorne los.

Nach erster Skepsis liessen sie sich von einem Wirtschaftssystem überzeugen, welches ohne Geld funktioniert. Die Basis dieses Systems ist die freie Wahl der Berufung, Kooperation und vereinbarte Organisation und dient somit der allseitigen Erfüllung im Leben. Sie blicken zurück und erkennen, dass sich das vollständig bewahrheitet hat. Es erfüllt sie mit Freude, in die Firma zu gehen, mit den Mitarbeitern entspannte und wohlwollende Beziehungen zu pflegen und in einem kooperativen Führungsstil die gemeinsame Motivation und Übereinstimmung zu fühlen. Da nicht mehr mit Geld gearbeitet wird, fällt der gesamte Druck in diese Richtung weg. Durch sinnvolle Tätigkeit kann sich jeder ein angenehmes Leben leisten. Ein reger Austausch lässt nur wenige Wünsche offen.

Während sie noch diesen Gedanken nachsinnen, stürmt ihr 9 jähriger Sohn in freudiger Erwartung in die Küche. Mit herzlichem "Hallo Papi" schmatzt er Ihnen einen Kuss auf die Wange und berichtet mit leuchtenden Augen, dass er heute im Bildungsraum mit seinen Kollegen das Schema für den Antrieb eines Mini-Planetariums fertig zeichnen möchte, damit sie ihn danach bauen können.

Mit Bedauern erinnern sie sich an Ihre eigene Schulzeit, mit langweiligem Lernen und Rausspucken von Daten und Vokabeln für die Prüfung, damit man gute Noten erhielt und die Eltern zufriedenstellen konnte. Der Name Schule bekam immer mehr einen bitteren Nachgeschmack, da sich die Kinder nach der Geldwirtschaft der Erwachsenen auszurichten hatten und in ihrer Entfaltung abgewürgt wurden.

Die Schulen heissen nun Bildungsräume und das sind sie tatsächlich auch. Sie bieten Raum, worin die Kinder freudvoll in Kooperation mit anderen ihre Talente stärken und weiterentwickeln, sowie neue hinzugewinnen können. Sie erhalten Raum, um Kind zu sein, um zu forschen, zu erfinden, in ihrem Rhythmus zu lernen und mit Freude in eine Welt hineinzuwachsen, in der es sich rundum lohnt, zu leben.

13. Etappenziele für die Umsetzung eines gesunden Geld- und Austauschsystems

Folgende Grundlagen über diverse Kanäle verbreiten.

1. Bewusstsein für folgende Themen bei der Bevölkerung schaffen

a) Ein neues gesundes Geldwesen

Geld ist ein Austauschwert, nicht ein Produkt. Zins und Spekulation verfälschen den ursprünglichen Wert.

Kein Spielkasino mit Geldern und Werten der produzierenden Bevölkerung

Die Aufhebung von Aktienhandel, Devisenhandel und allgemein Handel und Spekulation mit Wertpapieren und spekulativen Investmentfonds ist notwendig.

Keine privaten oder halbprivaten Geldverleihungs-Institute, sondern nur noch öffentliche Verbuchungs- und Kreditzentralen

Wir als die produzierende Bevölkerung haben das Recht, zu entscheiden, wie unser Geldsystem organisiert sein soll. Aktiengesellschaften und unabhängige, anonyme Leute sind als Geldverleiher nicht berechtigt.

In jedem Ort, in jedem Kanton benötigen wir öffentliche Verbuchungs- und Kreditzentralen, ebenso eine staatliche Verbuchungszentrale.

Ein Gremium wird demokratisch gewählt, bestehend aus Menschen verschiedener Branchen und Arbeitsverhältnissen: Kunden, Unternehmer, Handwerker, Bauern, usw, welche die Aufrechterhaltung eines ethischen Kodexes für das Geldwesen sicherstellen. Ein neuer Name für die Landeswährung ist sinnvoll, z.B Helvetier. Er zeigt die Umwandlung des privaten Bankenwesens in ein öffentliches Geldwesen an. Es sind dann keine Banknoten mehr, sondern helvetische Geldnoten.

Das Geldsystem wird zu einer öffentlichen Infrastruktur im Dienste der Bevölkerung.

Die Geldschöpfung basiert auf sinnvoller Tätigkeit

Im privatwirtschaftlichen Austausch sind Leistungen direkt gegenseitig verbuchbar, per Scheck, Handy oder PC via Verbuchungszentrale. Guthaben können jederzeit in Bargeld von der öffentlichen Verbuchungszentrale bezogen werden.

Wertstabilität

Deflation und Inflation von erschaffenen Werten finden nicht mehr statt. Die Geldschöpfung erfolgt analog zur realen Wertschöpfung. Standards werden festgelegt, welche das Verhältnis von Lohn und Preisen stabil garantieren. Die Ausarbeitung solcher Standards bedarf einer sehr sorgfältigen Prüfung unter Einbezug aller damit verbundenen tatsächlichen Produktionskosten. Am sinnvollsten werden diese Standards festgelegt, während die Reformation im Geldwesen erfolgt und gesunde Neuerungen eingeführt werden.

Ersparnisse bleiben im gleichen Wert erhalten.

Heute erhält man in der Regel einen minimalen Zins für Spareinlagen, dieser ist jedoch kleiner, als der Wertzerfall, so dass auch hier der tatsächliche Wert des Ersparten immer kleiner wird.

Kredite sollen zinslos erfolgen.

Die produzierende Bevölkerung hat das Recht auf einen Rückfluss von bezahlten Zins- und Spekulationsgeldern.

Staatliche Guthaben erfolgen in einen allgemeinen Fonds der staatlichen, kantonalen und kommunalen Verbuchungszentralen. Private Rückflüsse werden auf die privaten Konten rückerstattet. Finanzielle Gerechtigkeit muss wieder hergestellt werden.

b) Eine neue, gesunde politische Organisationsform und Ethik

Unterscheidung zwischen bestehenden Gesetzen und Ethik

Es gibt Gesetze, welche absolut nicht ethisch sind und nicht dem Allgemeinwohl dienen, sondern zulassen, dass durch die Bevölkerung erwirtschaftete Gelder in grossem Ausmass rücksichtslos geraubt werden können.

Medien und Politiker

Wo ist das Bewusstsein, für die allgemeine Manipulation?

Gemeint ist, dass die meisten Medien und viele Regierungsträger in Politik und Verwaltung der Finanzelite unterstehen.

Finden Sie es nicht auch peinlich, wie Schweizermedien nach der Pfeife der finanziellen Machthaber aus der USA und der EU tanzen, wobei wahre Hintergründe z. B. in der Kriegshetze gegen Lybien, Syrien, Iran, Palästina und die Ukraine vertuscht werden? Es geht sogar soweit, dass man als Schweizer Journalist nicht einmal die Wahrheit über die Regimestürze in jenen Ländern schreiben darf. Diese inkorrekte, nicht objektive und nicht den Tatsachen entsprechende Berichterstattung in der Schweiz wird von Regierungsträgern in Politik und Verwaltung nicht nur toleriert, sondern sogar gedeckt. Ziehen Sie selbst Ihre Schlüsse daraus.

Die Finanzelite hat vor allem ein Interesse daran, Gewinne vom Volk abzuschöpfen und es zu kontrollieren. Viele Politiker herkömmlicher Parteien werden von Bankiers finanziert. Sie werden daher die Interessen der Finanzelite vertreten, andernfalls bekommen sie nämlich kein Geld mehr und werden in den Medien öffentlich kritisiert, so dass sie nicht mehr gewählt werden.

Für eine kooperative, direkte Demokratie

Politische Parteien und deren gegenseitiges Hickhack sollen aufgehoben werden. An ihre Stelle treten Fachgremien unter Einbezug beteiligter Vertreter der entsprechenden Bereiche aus der Bevölkerung. Die Ausrichtung ist, Lösungen einzuführen, welche möglichst dem grössten Wohl aller Lebensbereiche dienlich sind und die Grundrechte und Verantwortungen berücksichtigen, wie an vorheriger Stelle beschrieben. Kooperation untereinander wird gross geschrieben.

Jeder Bürger soll sich direkt im eigenen Dorf oder in der eigenen Stadt einbringen können, in der er lebt. Jeder kann sich für bestimmte Fachthemen eintragen lassen. Jeder, der möchte, kann durch seine kreativen Ideen in Gesprächsrunden bei der Lösungsfindung mithelfen. Diejenigen Lösungen, welche für die Lebensbereiche am meisten dienlich sind, werden umgesetzt. Der gleiche Prozess kann auf kantonaler Ebene mit Vertretern der Fachgremien der Gemeinden durchgeführt werden und ebenfalls weiter auf staatlicher Ebene mit Vertretern der Fachgremien der Kantone. Das bedeutet, dass Vertreter für staatliche Angelegenheiten auch im Kanton und in der Gemeinde vertreten sind und somit ebenso die Anliegen der Gemeindebevölkerung vertreten.

Zudem bewirkt dies eine grössere Autonomie und eine schlankere, sinnvollere Gesetzgebung für Gemeinden und Kantone.

Freie, öffentliche Medien

Bestimmte Medien sollen der Öffentlichkeit gehören.

Menschen sollen ihre Ansichten und Ideen kundtun können, ohne dass geschrieben wird, was man von solchen Leuten halten soll oder dass ihre Aussage in geänderter Form wiedergegeben wird.

Eine neutrale, ausgewogene, authentische und objektive Berichterstattung ohne Meinungsmache ist notwendig. Kreativen Lösungen, welche Probleme an der Wurzel packen und mehr Lebenswerte bewirken, soll viel Raum und Aufmerksamkeit gewidmet werden - Wir wollen schliesslich alle ein besseres Leben.

Arbeit muss nicht eine Frage des Geldes sein.

Vielmehr ist sie eine Frage, welche Tätigkeit allgemein erwünscht ist und benötigt wird. Das Geld wird dafür bereitgestellt. Arbeit kann jederzeit kreiert werden und das Geld dafür kann jederzeit geschaffen werden.

Wir haben die Fähigkeit, Wohlstand zu erschaffen.

Schaffen wir unter uns eine stabile Landeswirtschaft. Legen wir fest, welche Grundlagen es dazu benötigt und setzen sie um.

Mut für Lösungen und eine neue gesellschaftliche Übereinkunft

Mit Intelligenz, Vernunft und einer Verbundenheit mit allen Lebensbereichen können wir sinnvolle Lösungen kreieren und umsetzen. Wir können eine neue gesellschaftliche Akzeptanz für neue Lösungen bewirken.

2. Neue Gesetzesgrundlagen erarbeiten

Mit regionalen Fachgruppen, Juristen und Ökonomen mit offener Geisteshaltung und einer aufrichtigen Einstellung gegenüber der Allgemeinheit werden Grundlagen erarbeitet, unter Einbezug von Vertretern verschiedener Branchen und Bereichen der Bevölkerung.

a) Geldwesen

Das Geldwesen ist Sache des Bundes

Das heisst, es ist eine öffentliche Angelegenheit und unterliegt der Allgemeinheit. Es wird durch demokratisch gewählte Abgeordnete vertreten.

Umwandlung aller privater und halbprivater Geldverleihungsinstitute

inklusive der halbprivaten Nationalbank in öffentliche Verbuchungs- und Kreditzentralen. Alle Guthaben und Forderungen werden auf diese Zentralen überwiesen.

Einführung eines Untersuchungsausschusses

für hohe Vermögen, welche durch Zins und Geldspekulation unrechtmässig erworben wurden. Weil die Einkommensteuern und die Steuerämter aufgehoben werden, eignen sich die Steuerberater dazu. Sie können dem Volk mit ihrer Tätigkeit wieder das Guthaben zurückbringen, das ihm rechtmässig eigentlich zusteht.

Zinsrückzahlung

Zinsen werden bei Privatpersonen und Gesellschaften auf Lebenszeit zurückgerechnet und rückerstattet, bei öffentlichen Einrichtungen seit dem Bestehen der Schuld.

Rückfluss von Volksguthaben und Privatguthaben

Eine sorgfältige Analyse muss erfolgen. Wie viel wurde der Bevölkerung durch Zins und Geldspekulation geraubt? Alle diese Gelder werden als ausstehende Staats-Guthaben der Allgemeinheit zurückerstattet.

Auf solche Weise erworbene Privatbesitze und Vermögen fallen ebenfalls an die Allgemeinheit zurück, Parks werden öffentlich zugänglich gemacht.

Konzerne werden in kleine und mittlere heimische Unternehmen aufgeteilt.

Die Rückerstattung der Staats-Guthaben erfolgt von der Nationalbank, den entsprechenden Geschäftsbanken und der anderen privaten Institutionen direkt an die öffentlichen Verbuchungszentralen. Diese Gelder kommen in einen allgemeinen Fonds.

Die Steuern senken sich für Alle.

Private bezahlte Zinsgelder werden direkt auf die privaten Konten verbucht.

Neue Basis für zinslose Geldverleihung

Neue Kreditschöpfung basierend auf der Leistungsfähigkeit und der Idee - Und für das Wohl aller Lebensbereiche.

Erbschaftsrecht

Es soll eine Obergrenze für Erbschaftsguthaben festgelegt werden. Diese Obergrenzen werden unterschiedlich definiert. Unterschiede für die Vererbung eines Familienunternehmens oder für private Vermögen. Es soll gewährleistet werden, dass ein Familienunternehmen in gleichem Masse wie bisher fortgeführt werden kann.

Mittlere und grössere Unternehmen können von Familienangehörigen weiter verwaltet werden. Sie werden aber auch an die Angestellten als Mitbesitzer, unter Berücksichtigung der Dauer des Arbeitsverhältnisses, und so lange sie in dieser Firma tätig sind, aufgeteilt, das heisst, sie bekommen eine Gewinnbeteiligung.

Es ist nicht in Ordnung, dass aufgrund von Vererbung, oft noch mit unredlich verdientem Geld, riesige Konzerne aufgebaut werden, die heimische Unternehmen schlucken, riesige Privatgrundbesitze erworben werden und der Allgemeinheit den Zugang zu den schönsten Flecken in der Schweiz verwehren, z.B um an den Seen entlang zu spazieren.

b) Eine neue, gesunde politische Organisationsform und Ethik

Neue Steuerordnung und Aufhebung unnötiger Verwaltungen

Einkommenssteuern werden durch allgemeine halbjährliche Abgaben ersetzt.

Durch den Rückfluss von Zinsgeldern in den Volksguthaben-Fonds, die Aufhebung überdimensionierter Verwaltungen und durch die Direktvergütungen der Verbuchungszentralen für Tätigkeiten im öffentlichen Dienst, sowie durch die eigene schuldfreie Bundesgeldschöpfung ergeben sich minimalste Steuerbeträge.

Öffentliche Freiarbeitspools

Wie bereits beschrieben. Dafür die gesetzliche Grundlage schaffen.

Förderung einer stabilen Binnenwirtschaft

Eine gesunde Wirtschaft bedingt fairen Austausch und einen hohen Grad an landeseigener Produktion und Versorgung. Delegierte aus diversen Branchen arbeiten in Kooperation eine neue Wirtschaftsorganisation aus. Die Grundlagen wurden an vorheriger Stelle beschrieben.

Patentregelung und Forschung für neue Technologien

Die heutige Patentregelung schränkt kreative Ideen in der Umsetzung ein, aufgrund der Verhinderung von

Erfindungen und Fortschritten, welche auf bestehenden Patenten aufbauen könnten oder ein Patent verletzen, welches jedoch nie realisiert worden ist.

Eine neue Patentregelung soll den Fortschritt des Landes fördern und nicht bremsen.

Die Unterdrückung neuer Erfindungen wird geahndet.

Neue Politische Ordnung

Die Veränderung der Politik bedingt Gesetzesänderungen für eine kooperative direkte Demokratie, bei der jeder auf der Basis ethischer Grundlagen mitwirken kann.

Jede Gemeinde soll ohne Kantonsvögte Lösungen für sich selbst erarbeiten dürfen. Es gilt nicht mehr der Mehrheitsbeschluss, sondern der logische, vernünftige und ganzheitliche Ansatz für das Wohl aller Lebensbereiche. Ein ethischer Kodex soll dafür formuliert werden.

Neue Medienordnung

Öffentliche, objektive Medien werden durch ein Gremium von Volksvertretern beaufsichtigt.

3. Nach Prioritäten und Folgerichtigkeit Initiativen vorbereiten und diese Grundlagen einführen.

Nachwort

Ihre Anregungen können Sie uns gerne über die folgende Internetseite mitteilen:

http://geldbuch.lovb.ch

Wenn Sie nun nach dem Lesen des Buches Lust haben, mit uns beizutragen, dass Lösungen im Geld-Austauschbereich umgesetzt werden, dann freuen wir uns sehr darauf, Sie kennenzulernen.

Schreiben Sie uns auf:

http://lovb.ch/contact/

Wir wünschen Ihnen eine erfüllende Zeit in einem tragenden Umfeld.!!!